Guide des Vins Régionaux de France

Guide des Vins Régionaux de France

Steven Spurrier

Traduit de l'anglais par Claude Dovaz

Préface de Jacques Puisais

Editions Dursus
106, boulevard Arago, Paris.
1985

ISBN 2-905380-00-4

Traduit du livre de Steven Spurrier
French Country Wines
Réalisé par Robert Adkinson Limited, London
ISBN original 0-00-218048-0

Table des matières

Préface de Jacques Puisais 6

Introduction de Steven Spurrier 7

La France vinicole 8

Les appellations 12

Vins de Pays 14

Comment utiliser ce guide 18

Les Vins Régionaux

Jura, Savoie, Alsace 20

Bourgogne 34

Vallée du Rhône 54

Provence, Midi, Corse 70

Bordelais et Sud-Ouest 102

Vallée de la Loire 132

Principaux cépages 158

Où et comment acheter les vins régionaux 162

Les vins et les mets 164
Ordre de succession des vins
Température de dégustation

Cotation des millésimes 166
Profil des bouteilles

Glossaire 168

Organismes vinicoles interprofessionnels 170

Bibliographie 171

Index des vins 172

Remerciements 176

Préface

Les vins de France vus par un Anglais, on ne s'en n'étonnera pas quand on sait qu'il s'agit de Steven Spurrier. Il fait partie de ces hommes qui ont fait et refait le tour de France des vignobles jusqu'à les connaître sur le bout des doigts. Visitant vigneron après vigneron, terroir après terroir, il a su, par son infatigable mobilité et par sa présence sur le terrain, s'imprégner de l'état d'esprit qui fait la personnalité d'un vin et le renom d'une appellation. Il a su se faire aimer des hommes de la vigne parce qu'il s'adresse à eux dans leur langage, en expert. Mieux, en connaisseur.

Dégustateur émérite, Steven Spurrier sait exprimer ce qu'un vin a d'authentique et d'original. On comprend dès lors que sa connaissance du vin et des vins – car pour en bien parler, il faut les connaître bien – l'ait amené à ouvrir à Paris une école de dégustation. Nombreux sont ceux qui, Français ou étrangers, sont aujourd'hui passés au moule de son Académie du vin, toute proche de la place de la Concorde, comme s'il était nécessaire de rappeler que le vin rapproche les hommes.

En venant de l'extérieur, on a souvent une meilleure vue des choses. Ainsi ce Guide des Vins Régionaux que nous propose Steven Spurrier, et dont on découvrira toute l'originalité et l'utilité dans les pages qui suivent, apporte réellement un éclairage heureux sur le vignoble français en pleine reconversion et sur quantité de vins qui émergent parfois d'une regrettable obscurité.

Membre de l'Académie du vin, Steven Spurrier fait partie de la grande famille de la vigne, gardienne des terroirs. Explorateur, il se fait guide, pour notre information et pour notre plaisir car, sans le bon usage, le buveur reste sourd au doux murmure du vin.

Remercions-le et portons lui un toast.

Jacques Puisais
Président de l'Union nationale
des œnologues

Introduction

Depuis quelques années, le terme « vin régional » est de plus en plus utilisé par le négoce et la publicité. Il évoque, comme la cuisine régionale, le terroir, l'authenticité, la qualité, une simplicité de bon aloi et un excellent rapport qualité/prix. Il existe certainement en France autant de vins régionaux que de plats régionaux. Chaque vin fait ici l'objet d'une description sommaire qui précise son origine – lieu, cépage, *appellation* –, ses qualités gustatives et son prix approximatif.

Pour moi, un « vin régional » est un vin bien typé, d'un prix raisonnable. Il est souvent consommé sur place par les habitants de son pays d'origine donné et par les touristes qui le visitent. Mais nombre de vins régionaux sont aujourd'hui distribués dans toute la France et parfois exportés. Un vin régional, tel que je l'entends, n'est pas nécessairement bon marché, mais il est, selon son prix, la boisson quotidienne de telle ou telle partie de la population. Par exemple, selon cette définition, le Saint-Emilion et le Bourgogne font partie des vins régionaux tandis que les Grands Crus Classés de Saint-Emilion et le Chambertin n'appartiennent pas à cette catégorie. De même, bien qu'il soit essentiellement bu sur place, je n'inclus pas le Condrieu qui est trop rare et trop cher. Et si l'on boit beaucoup de Champagne sur place, l'image qu'en ont créée les producteurs et son prix justifient de n'en point parler dans ce guide. J'ai aussi écarté les vins de marque, qui ne possèdent pas de caractéristiques régionales déterminées et qui sont généralement un assemblage de vins de plusieurs provenances, choisis pour offrir au consommateur une boisson d'un goût et d'un prix invariables. Le seul aspect régional de ces vins est parfois l'adresse de l'embouteilleur, généralement plus prestigieuse que le liquide contenu dans la bouteille. Ainsi, on pourrait considérer le Mouton Cadet comme un vin régional, puisque c'est un Bordeaux, mais pas le Moreau Blanc.

L'ouvrage a deux raisons d'être : une référence indispensable et une somme de renseignements permettant de mieux connaître la merveilleuse diversité des vins produits dans les différentes régions de France.

Steven Spurrier

La France vinicole

La France est le deuxième pays producteur de vin en Europe, derrière l'Italie et avant l'URSS et l'Espagne. La superficie plantée de vigne dépasse un million d'hectares. Pourtant, elle est inférieure de 6,2 % à celle de 1980, de 13,3 % à celle de 1970 et ne représente plus que 81,3 % de celle de 1962. La cause en est la diminution de la consommation, que la croissance des exportations ne compense pas. Les régions les plus affectées furent d'abord celles où l'on produit des vins de qualité médiocre destinés à la consommation courante, encore qu'une ou deux appellations soient aujourd'hui menacées d'extinction.

La viticulture vient au troisième rang des productions agricoles (20,5 %), après l'élevage et les céréales. Elle compte pour 9,2 % du PNB. Le tableau 1a montre l'évolution de la superficie viticole de 1962 à 1983, le tableau 1b sa répartition selon les différentes catégories de vin produites.

Tableau 1a. Superficie viticole de 1962 à 1983

	Hectares
1962	*1 290 000*
1970	*1 208 805*
1980	*1 117 794*
1982	*1 064 410*
1983	*1 048 415*

Tableau 1b. Superficie par catégorie de vignobles en 1983

	Hectares
AOC	*333 000*
VDQS	*49 000*
Vin apte à la production d'eau-de-vie	*88 000*
Vin de Pays, de table et autres	*578 000*
Total	*1 048 000*

Si la superficie plantée a décru, la production est demeurée en moyenne remarquablement stable au cours des dix dernières années. L'importance de la récolte dépend étroitement des conditions météorologiques. Les conditions d'une bonne récolte sont : l'absence de gelées printannières, un temps sec et ensoleillé au moment de la floraison, en juin, une humidité raisonnable pendant le mûrissement, une trop grande humidité entraînant la pourriture du raisin. Mais, de nos jours, une fertilisation plus efficace des sols, une meilleure protection contre le gel, le progrès de la lutte contre les maladies de la vigne et la pourriture ont permis d'augmenter le rendement. L'importance de la vendange varie pourtant considérablement d'une année à l'autre, comme l'indique le tableau 2, qui montre aussi l'augmentation de la proportion des vins AOC. On peut en déduire que si la production a peut-être tendance à diminuer, la qualité s'améliore. En 1981, la valeur totale des vins produits en France s'élevait à 18 108 millions de francs, dont 10 292 pour les AOC et les VDQS et 7 816 pour les autres vins. Le pourcentage par région pour 1983 est donné au tableau 3.

Tableau 2. Production vinicole de 1970 à 1983

(en millions d'hectolitres)

	Total	AOC	Autre vins
1970	*74,40*	*11,40*	*63,00*
1980	*69,20*	*12,91*	*56,29*
1982	*79,23*	*19,84*	*59,39*
1983	*68,12*	*17,17*	*50,95*

Tableau 3. Production par région en 1983 (en %)

Alsace	*1,51*
Aquitaine	*10,07*
Bourgogne	*1,81*
Champagne	*3,50*
Corse	*1,74*
Languedoc-Roussillon	*38,29*
Midi-Pyrénées	*5,64*
Poitou-Charente	*16,90*
Provence-Côte d'Azur	*8.53*
Rhône-Alpes	*4,91*
Loire-Centre	*6,52*
Autres	*0,58*

Alors que la production vinicole est égale – et supérieure les bonnes années – à la demande totale, la consommation intérieure à régulièrement fléchi. Le Français boit maintenant 90 litres (seulement) par an, contre 120 en 1969 (il est toujours en tête dans le monde). Cependant la consommation des AOC a nettement augmenté (tableau 4).

Tableau 4. Consommation de 1970 à 1983
(en millions d'hectolitres)

	Total	AOC	Autres vins
1970-1971	*45,98*	*5,49*	*40,49*
1980-1981	*43,22*	*8,70*	*34,52*
1981-1982	*43,11*	*9,10*	*34,01*
1982-1983	*41,37*	*10,01*	*31,36*

Les exportations vinicoles ont augmenté en quantité, en valeur et en pourcentage de la production (tableau 5). 11 % de la récolte fut exportée en 1979 et 12,7 % en 1980. En 1980, 21 % des vins AOC furent exportés (soit 47 % de la valeur des exportations). 60 % des exportations concernent la CEE, mais les Etats-Unis sont principal client, suivis par le Royaume Uni qui a augmenté ses achats de Vins de Pays de 60 % en 1981/1982.

Tableau 5. Exportations vinicoles de 1970 à 1982

	Volume (en millions d'hectolitres)	Valeur (en millions de francs)
1970-1971	*4,15*	*1,69*
1980-1981	*8,61*	*8,13*
1981-1982	*8,91*	*9,52*
1982-1983	*9,45*	*10,46*

La propriété viticole française, par le jeu des héritages successifs, est très morcelée. La tendance est au remembrement et à la concentration. En France, on comptait, en 1982, 429 000 producteurs de vin, soit 236 000 vendant leur production et 193 000 la réservant à leur propre usage (5 % de la production totale). 30 000 seulement de ces exploitants possédaient plus de 10 hectares de vigne, autrement dit plus de 50 % de la superficie viticole totale. Le très grand nombre d'exploitations de moins de 2 hectares représente moins de 10 % de la superficie totale. Il est évident que cette répartition continuera d'évoluer, 20,8 % des viticulteurs ayant 65 ans ou davantage alors que 3,3 % seulement n'ont pas atteint la trentaine, et que 27 % des exploitants exercent aussi un autre métier. L'augmentation de la qualité et de la quantité des vins régionaux semble avoir entraîné l'arrêt de l'arrachage des vignobles non rentables, mais seule une exploitation plus rationnelle pourra sauver les vignobles menacés. Plus les domaines sont grands, plus la culture de la vigne prédomine, quoique la plupart des exploitants conservent une activité agricole secondaire.

C'est surtout dans les vignobles AOC qu'on trouve des négociants-propriétaires. Ceux-ci possèdent 12 % du vignoble champenois, 5 % du bourguignon et du bordelais, 3 % de l'alsacien et un pourcentage bien inférieur dans le Sud, malgré la présence des Salins du Midi (Listel), de Nicolas et de Chantovent. L'importance des propriétaires étrangers, qui ne s'intéressent qu'aux crus les plus prestigieux, est négligeable. Les négociants, en revanche, commercialisent 50 % de la production.

Les Caves Coopératives contrôlent environ la moitié du vignoble. Elles regroupent des viticulteurs qui ne veulent ou ne peuvent, en raison de l'exiguïté de leur terre, élaborer et commercialiser leur propre vin. La coopérative, qui est propriétaire du matériel d'exploitation, achète le raisin, presse, vinifie, embouteille et commercialise, puis paie le viticulteur et/ou lui livre une certaine quantité de bouteilles. Les Coopératives produisent en France 45,8 % du vin, 60 % du vin de table, 42,8 % des AOC et VDQS. Elle ont une importance majeure en Languedoc-Roussillon : 67 % du vin de table, 62 % du vin de qualité. Le nombre de coopérateurs a augmenté de 120000 en 1939 à 260000 aujourd'hui.

Qu'en est-il de l'avenir ? La popularité du « gros rouge » a diminué et chacun a compris que la qualité paye. La curiosité du consommateur pour des vins plus variés ne s'est vraiment développée qu'au cours de la dernière décennie. Il recherche de plus en plus des vins qui présentent davantage d'individualité et un goût de terroir. Les AOC et les VDQS possèdent ces qualités et les Vins de Pays sont en passe de les acquérir.

Un des objectifs de cet ouvrage est d'aider le consommateur à s'y retrouver dans le maquis des vins régionaux.

Les appellations

D'inspiration géographique, l'*appellation* apprend au consommateur l'origine du vin : région (Bourgogne), commune (Gevrey-Chambertin) ou Grand Cru (Chambertin). L'objectif de l'Institut national des appellations d'origine (INAO) est qu'à un vin portant un certain nom corresponde un certain style déterminé par l'emplacement du vignoble. D'autres contrôles portent sur les cépages autorisés et leur proportion, l'âge et la taille de la vigne, le rendement, la richesse en sucre des moûts, parfois la teneur alcoolique maximum après fermentation et dans certains cas la méthode et la durée du vieillissement. On ne peut en revanche contrôler le vinificateur : c'est pourquoi le vin est soumis à une dégustation officielle qui juge s'il est conforme à son appellation. Il existe trois catégories principales de *vins d'appellation :*

1. Vin d'Appellation d'Origine Contrôlée (AOC)
2. Vin Délimité de Qualité Supérieure (VDQS)
3. Vin de Pays.

L'appellation Vin de Table s'applique aux vins vendus sous une marque sans indication d'origine.

On a dit que le cépage donne au vin sa personnalité et le terrain où pousse la vigne son âme. L'idée d'appellation est inséparable du terroir, c'est-à-dire de la combinaison du terrain et du climat. Certains terroirs sont moins marqués que d'autres et la personnalité du cépage dominera. Plus un vin, dans une appellation donnée, est typé, plus son terroir est prononcé. C'est particulièrement vrai des vins régionaux et c'est pourquoi leur découverte est un plaisir toujours renouvelé.

Les contrôles de la teneur alcoolique minimum et du rendement maximum sont liés. Ceux-ci sont souvent dépassés. A l'exception des vignobles méridionaux et des Vins de Pays, le degré alcoolique peut être augmenté par chaptalisation, c'est-à-dire par l'addition au moût de sucre qui se transforme, comme le sucre naturel, en alcool. Quant au rendement, il est souvent supérieur aux normes dans les bonnes années. Pourtant, quels que soient les progrès de la vinification, il n'en reste pas moins qu'un rendement raisonnable donnera une teneur alcoolique raisonnable et un vin mieux équilibré.

Analyse de l'étiquette

AOC : Bourgogne Aligoté

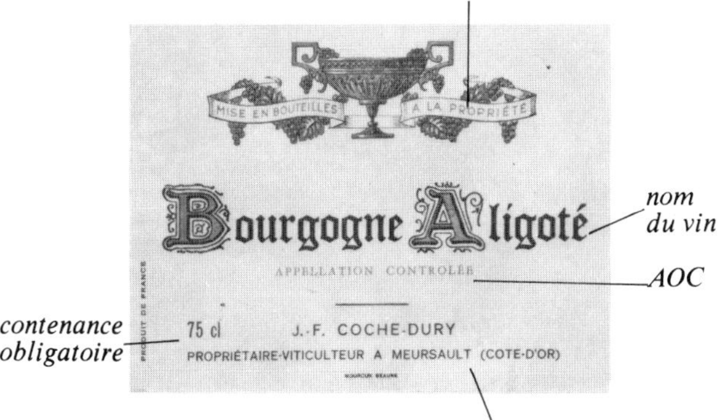

Note : le millésime figurera sur la collerette

VDQS : Cheverny

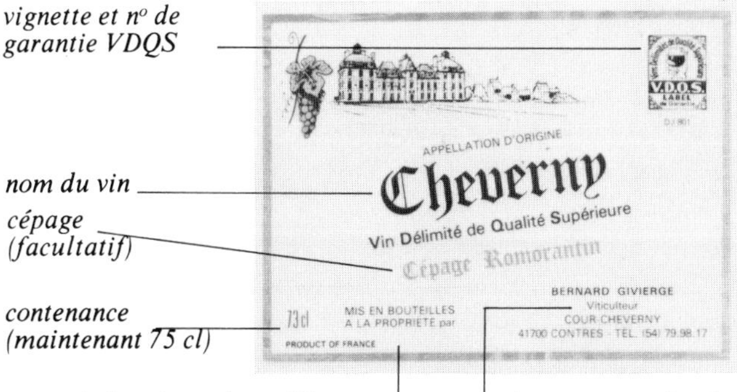

Note : le millésime figurera sur la collerette

Vin de Pays : Coteaux de la Cité de Carcassonne

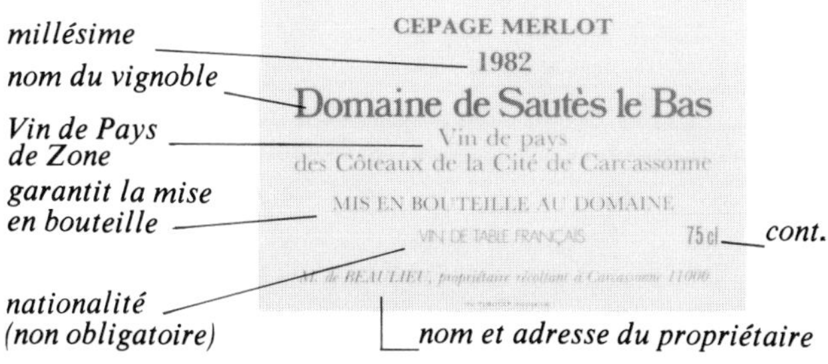

Vins de Pays

Bien que tous les aspects de la viticulture soient, en France, réglementés par décrets du ministère de l'Agriculture, les bouleversements dans l'appellation Vin de Pays sont tels qu'on pourrait croire les décisions prises par les viticulteurs eux-mêmes plutôt que par l'administration. Dans un pays où la plupart des autres *vins d'appellation* ont un style et une personnalité identifiables et répertoriés, qui sont l'héritage de nombreuses générations, la classification des Vins de Pays est relativement nouvelle. Cette appellation date de 1968, quand un décret autorisa la commercialisation de certains vins de table avec l'indication de leur origine régionale, afin d'améliorer l'information du consommateur et lui offrir certaines garanties d'origine.

Un décret de 1973 définit les conditions que doit remplir un vin pour bénéficier de l'appellation Vin de Pays : région de production, cépages, rendement, teneur alcoolique et même niveau de SO_2 (anhydride sulfureux) et d'acidité volatile. Enfin, en 1979, cette réglementation fut précisée et l'on fixa des critères, afférents à des Vins de Pays déterminés, afin d'améliorer leur qualité. L'objectif de toutes ces mesures, comme de celles concernant les AOC et les VDQS, est d'offrir au consommateur un vin dont l'origine soit indiscutable, aisément identifiable, et dont la qualité soit garantie.

Le décret de 1973 supprima les AOS (Vin d'Appellation d'Origine Simple), laissant ainsi aux seuls Vins de Pays le privilège d'offrir des vins de table personnalisés. La réglementation divise les Vins de Pays en trois catégories suivant leur provenance géographique :

1. Vins de Pays Régionaux. Ces vins peuvent provenir de plusieurs départements pour autant qu'ils possèdent un style déterminé, par exemple Vin du Pays d'Oc (tout le Languedoc-Roussillon) ; Vin de Pays du Jardin de la Loire (Loire).

2. Vins de Pays Départementaux. Ces vins doivent porter le nom du département de production, par exemple

Vin de Pays du Gard ; Vin de Pays de l'Ardèche.

3. Vins de Pays de Zone. Ces vins peuvent préciser la commune de production, par exemple Vin de Pays du Val d'Orbieu (Aude).

Tous les Vins de Pays entrent dans l'une ou l'autre de ces catégories et il est clair qu'on peut commercialiser les vins de catégorie 3 comme vins de catégorie 2 ou 1 et ceux de catégorie 2 comme vins de catégorie 1.

La réglementation de la production des Vins de Pays est à l'image de celle concernant les autres appellations. Ils doivent *premièrement* être géographiquement identifiés, provenir d'une région donnée ; *deuxièmement* être issus de cépages « recommandés » dont la liste est fixée par décret (il s'agit généralement des cépages utilisés par les vins les plus importants de la région considérée, complétés par des cépages nobles si le terrain et le climat le permettent) ; *troisièmement,* ne pas dépasser un rendement à l'hectare de 80 hl pour les Vins de Pays de Zone et de 90 hl pour les Vins de Pays Départementaux ; *quatrièmement,* atteindre une teneur alcoolique de 9° pour le nord de la France et les Alpes du Nord, 9°5 pour le Sud-Ouest, la vallée du Rhône et les Alpes du Sud, 10° pour le Languedoc-Roussillon, la Provence et la Corse ; *cinquièmement,* avoir des niveaux de SO_2 et d'acidité volatile conformes à la réglementation ; *sixièmement,* être agréés par une commission de dégustation avant de pouvoir être vendus sous l'*appellation* Vin de Pays.

Le volume des vins ayant droit à l'appellation Vin de Pays est énorme : en moyenne 7,8 millions d'hectolitres par an (environ un milliard de bouteilles), soit 11,4 % de la production nationale. 45 départements produisent des Vins de Pays, mais le gros de la production provient de la région Languedoc-Roussillon (75 %), le département des Pyrénées-Orientales comptant à lui seul pour 20 %. La région Provence-Côte d'Azur fournit 12 % et la Loire 6 %. Il existait, en 1982, 92 Vins de Pays de Zone auxquels s'ajoutaient 45 vins de Pays Départementaux et 3 Vins de Pays Régionaux, soit 140 types de vins différents. Il faut noter qu'environ 10 % des vins présentés pour l'attribution de l'appellation Vin de Pays sont écartés par la commission de dégustation.

Les 1 200 Caves Coopératives de France produisant un peu plus de la moitié des vins de table, il n'est pas étonnant qu'elles vinifient 64 % des Vins de Pays contre 36 % pour les Caves privées. Un grand nombre des Vins de Pays de Zone de même appellation sont presque entièrement élaborés par une seule Cave Coopérative. De plus, étant donné les énormes quantités en jeu, les coopératives commercialisent maintenant elles-mêmes les vins qu'elles produisent.

Grâce aux Vins de Pays, le consommateur dispose à première vue, pour son usage quotidien, d'une gamme presque illimitée de vins régionaux authentiques. Néanmoins l'administration n'est pas entièrement satisfaite de l'évolution de cette appellation. La multiplicité des étiquettes et l'absence – pour l'instant – d'une image de marque claire en sont les principales raisons. En amont, de nombreux vignerons considèrent l'appellation Vin de Pays comme un échelon à gravir avant d'accéder à l'appellation plus prestigieuse VDQS ou même AOC, tandis que les pouvoirs publics souhaitent la promouvoir comme appellation à part entière. En aval, le consommateur est désorienté par le nombre croissant de vins qui lui sont proposés. Entre les deux, le négociant hésite souvent à acquérir un Vin de Pays au nom peu connu, surtout s'il est élaboré par une unique coopérative qui ne pourra garantir de l'approvisionner régulièrement. D'un autre côté, il se dit que les Vins de Pays Régionaux, dont la régularité d'approvisionnement n'est pas en cause, comme par exemple le Vin de Pays d'Oc qui provient de 7 départements, ne bénéficient pas d'une image régionale suffisante. C'est pourquoi les gros négociants préfèrent souvent créer un vin de marque et le commercialiser sous leur propre nom. D'autre part, les vignerons, qui ne désirent pas que leur vin se noie dans l'anonymat d'un vin de marque sans origine régionale déterminée ou soit vendu sous le nom du négociant, commencent à l'embouteiller eux-mêmes et à le commercialiser directement.

On peut relever au milieu de cette confusion deux facteurs encourageants. *Premièrement* l'importance accordée par le ministère de l'Agriculture à la qualité des vins et la réponse positive des viticulteurs. La diminution de la consommation en France affecte surtout les vins ordinaires. Les ligues anti-alcooliques s'en réjouissent, mais pas les producteurs dont le poids électoral est plus grand. Avec les Vins de Pays de meilleure qualité, les Français, qui boivent moins, boivent mieux, et les importateurs de vins français sont en train de redécouvrir que ceux-ci peuvent offrir un bon rapport qualité/prix. *Secondement* l'introduction de cépages nobles dans l'élaboration des Vins de Pays. Le rôle du cépage dans le goût et le style d'un vin est aussi important que celui du terroir. Les principales appellations bénéficient de siècles d'expérience dans la sélection des cépages et le système de l'Appellation Contrôlée accorde une importance majeure au choix des cépages appropriés pour une région donnée. Pendant des années, on n'a pas mis en doute que les vins du Midi ne pouvaient provenir que de la vinification de cépages méridionaux. C'est seulement au cours de la dernière décennie que des expériences ont prouvé que les cépages dont sont issus les meilleurs vins de France pouvaient donner, hors de leur région d'origine, d'excellents vins doués de personnalité. C'est ainsi que l'on voit apparaître petit à petit le Cabernet Sauvignon, le Merlot, le Chardonnay et le Sauvignon sur les étiquettes des Vins de Pays. L'introduction des cépages nobles dans les Vins de Pays n'en est qu'à ses débuts, mais elle est encouragée par les Caves Coopératives et tentée par des viticulteurs à l'esprit novateur. Les vins qui en résultent sont généralement réussis. Ils combinent heureusement les caractéristiques des cépages choisis avec le terroir. Cette innovation présente deux avantages pour la viticulture et le consommateur : le nom des cépages personnalise le vin mieux que ne le fait l'origine géographique et permet de l'identifier plus facilement – chacun sait que le Français ignore la géographie ! D'autre part, le prix reste celui d'un Vin de Pays.

Comment utiliser ce guide

Ce guide des vins régionaux est organisé en six parties correspondant aux six principales régions de production : Jura, Savoie et Alsace ; Bourgogne y compris Chablis et Beaujolais ; vallée du Rhône ; Provence, Midi, Languedoc, Roussillon et Corse ; Bordelais et Sud-Ouest ; vallée de la Loire (la Champagne, comme expliqué plus haut, a été écartée). Ces régions ont été subdivisées selon des critères géographiques et de styles, ou une combinaison de ces divers éléments. Chaque subdivision est précédée d'une courte introduction. Suit la description des vins classés dans l'ordre suivant : AOC (Vins d'Appelation d'Origine Contrôlée), VDQS (Vins Délimités de Qualité Supérieure), Vins de Pays. Ils sont rangés dans chaque appellation en ordre alphabétique.

La mention, pour la plupart des vins cités, du ou des cépages, de la teneur alcoolique minimum et du rendement maximum pourra paraître répétitive. Ce procédé a été délibérément adopté car ce guide doit pouvoir servir de référence à celui qui cherche des renseignements sur un vin déterminé. Les lecteurs dont l'intérêt est plus général pourront le consulter section par section.

La description qualitative de chaque vin, fondée sur la dégustation, reflète le jugement de l'auteur mais devrait correspondre, de même que l'association du vin aux mets, à l'opinion générale.

Etablir une hiérarchie des vins selon leur qualité est un exercice périlleux parce que subjectif. Leur classification selon le prix, purement objective, est indiscutable et correspond grosso modo à la qualité. Les prix, sauf le cas d'une soudaine vogue d'une région ou d'un vin déterminé, varient suivant l'offre et la demande et suivent l'inflation. La relation entre les vins les moins chers et les plus chers demeure à peu près constante. La manière la plus pratique d'exprimer le prix d'un vin est d'indiquer son prix TTC par bouteille dans le commerce de détail. C'est elle qui a été retenue, chaque catégorie de prix étant identifiée dans le guide par une lettre-code.

Lettre-code	Prix au détail	Lettre-code	Prix au détail
A	*jusqu'à 14 F*	*D*	*de 30 à 39 F*
B	*de 15 à 19 F*	*E*	*de 40 à 59 F*
C	*de 20 à 29 F*	*F*	*60 F et plus*

Jura-Savoie-Alsace

Tous les vins du Jura proviennent du département du même nom, partie de l'ancienne Franche-Comté. Les vignes sont plantées sur les pentes bien exposées des collines jurassiennes, dans une zone de 80 kilomètres sur 6, parallèle au vignoble de la Côte d'Or. Cette région compense sa production limitée par la variété de ses vins : rouges, rosés, blancs, gris et mousseux, sans oublier les remarquables *vin jaune* et *vin de paille.* Ces deux derniers comptent parmi les plus rares du vignoble français et leur prix élevé les écarte de la catégorie des vins de région. Mais la difficulté de se les procurer en dehors du Jura justifie leur classement dans la catégorie des vins à boire sur place.

Le Jura a ses propres cépages : le Poulsard et le Trousseau rouges, le Savagnin blanc, certains vignobles étant complantés en Pinot Noir et en Chardonnay, cépages de la proche Bourgogne. Les vins du Jura, et tout particulièrement les blancs, se distinguent par leur bouquet et leur caractère très typé. Ce sont des vins à l'ancienne, parfois difficiles à associer aux mets, mais leur grande personnalité les rend très intéressants.

Le vignoble savoyard, qui s'étend sur les départements de la Savoie, de la Haute-Savoie et sur quelques

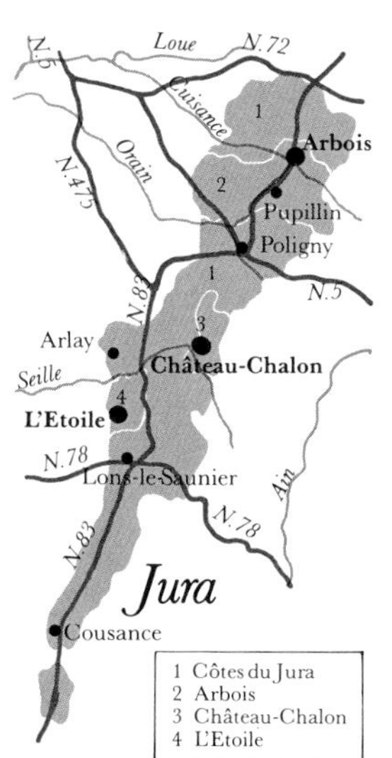

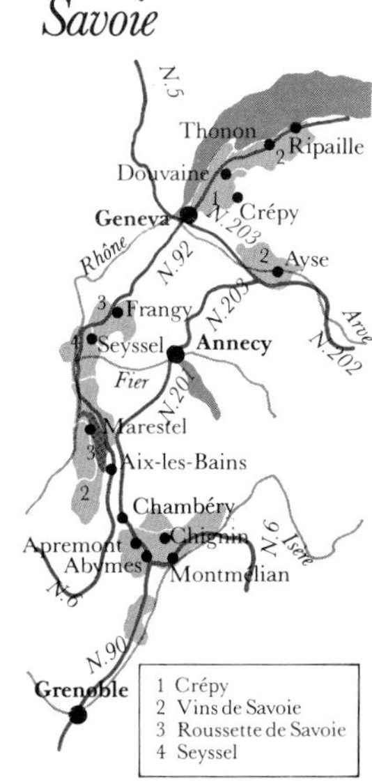

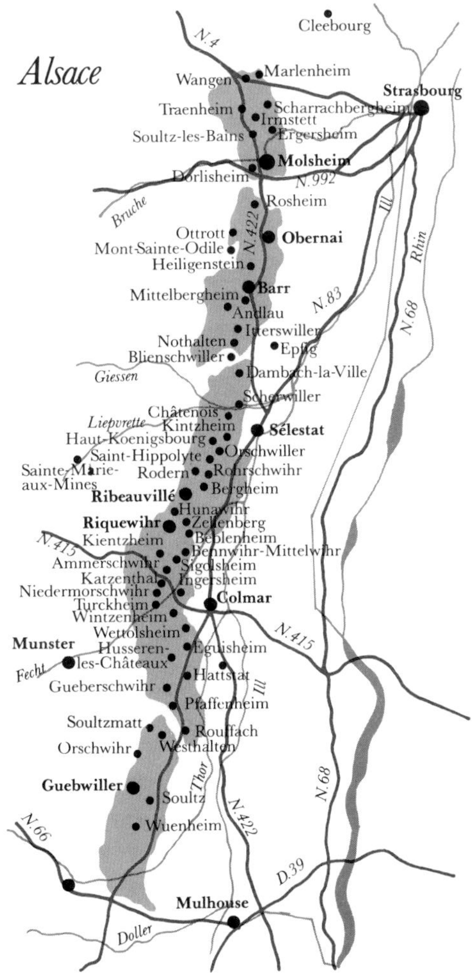
Alsace
Cleebourg
N.4
Wangen
Marlenheim
Strasbourg
Traenheim
Scharrachbergheim
Irmstett
Soultz-les-Bains
Ergersheim
Molsheim
Dorlisheim
N.992
Bruche
Rosheim
Ottrott
N.422
Obernai
Mont-Sainte-Odile
Heiligenstein
Ill
Rhin
Mittelbergheim
Barr
N.83
Andlau
N.68
Itterswiller
Nothalten
Epfig
Blienschwiller
Giessen
Dambach-la-Ville
Scherwiller
Châtenois
Liepvrette
Kintzheim
Sélestat
Haut-Koenigsbourg
Orschwiller
Saint-Hippolyte
Sainte-Marie-aux-Mines
Rodern
Rohrschwihr
Ribeauvillé
Bergheim
Hunawihr
Riquewihr
Zellenberg
N.415
Kientzheim
Beblenheim
Bennwihr-Mittelwihr
Ammerschwihr
Sigolsheim
Katzenthal
Ingersheim
Niedermorschwihr
Colmar
Turckheim
Wintzenheim
Wettolsheim
N.415
Munster
Husseren-les-Châteaux
Eguisheim
Fecht
Hattstatt
Ill
Gueberschwihr
Pfaffenheim
Soultzmatt
Rouffach
Orschwihr
Westhalten
Thor
N.68
Guebwiller
Soultz
N.422
N.66
Wuenheim
D.39
Mulhouse
Doller

communes de l'Ain et de l'Isère, est surtout connu pour ses vins blancs. Comme les vins d'Alsace, les vins de Savoie bénéficient (ou souffrent, selon le cas) d'être confondus dans l'esprit du consommateur dans une appellation globale, sans doute au détriment des mérites individuels. En effet, s'ils sont généralement blancs, pâles, secs et vifs, avec un bouquet floral légèrement fumé et une certaine acidité en fin de bouche, il existe aussi des blancs de Savoie plus charnus, des rouges et des rosés délicieux et de nombreux mousseux. La différence entre tous ces vins apparaît dès la lecture de l'étiquette, qui mentionne l'origine (village ou commune) ou les cépages dont ils sont issus.

Le vignoble alsacien, situé dans les départements du Haut-Rhin et du Bas-Rhin, recouvre un territoire de collines qui s'étire sur 120 kilomètres, entre les Vosges et la vallée du Rhin, parallèlement à l'Ill. Sa largeur varie de 1 à 5 kilomètres. Si l'on excepte le petit vignoble de Cleebourg, au nord-ouest de Strasbourg, le vignoble alsacien s'étend, pour ainsi dire sans interruption, de la trouée de Marlenheim, au niveau de Strasbourg, jusqu'à Thann, au niveau de Mulhouse.

Le climat de l'Alsace est remarquablement sec et ensoleillé, grâce à la protection des Vosges qui l'abritent des vents du nord-ouest et de la pluie, si bien que Colmar, centre de l'activité vinicole, est après Perpignan la ville la moins arrosée de France. Les collines du vignoble alsacien, dont l'altitude oscille entre 200 et 450 mètres, sont orientées au sud-est. Elles ont une excellente exposition qui assure un ensoleillement maximum à l'époque du mûrissement, et permet même, dans les meilleures années, une vendange tardive de raisin atteint de pourriture noble *(Botrytis Cinerea)*. L'Alsace ne connaît qu'une appellation : Alsace, mais de nombreux cépages y sont autorisés. Leur variété, associée à celle des sols (calcaire, sableux, caillouteux, gréseux, limoneux) et aux micro-climats, permet aux vins d'Alsace d'offrir une gamme étendue de styles.

Jura

Les vignobles du Jura produisent une gamme très étendue de vins rouges, rosés, gris, blancs et mousseux, sans oublier les deux grandes spécialités : le *vin jaune* et le *vin de paille.* Tous ont un caractère très marqué.

Arbois AOC

Vins rouge, rosé, gris, blanc sec de vignobles situés autour d'Arbois, au centre du Jura vinicole. Pour les rouges, les cépages sont le Trousseau, le Poulsard ou le Pinot Noir, seuls ou mélangés. Le Trousseau donne un vin-de-garde très coloré et charnu, le Poulsard, souvent réservé au rosé, un vin beaucoup plus léger et d'une grande finesse, le Pinot Noir un vin qui ressemble à un Côte de Beaune léger. Le rosé d'Arbois est réputé pour sa robe pelure d'oignon, mais il a le corps d'un vin rouge. Les blancs sont issus du Savagnin – qui donne le mieux la saveur typiquement jurassienne, proche du Sherry –, du Chardonnay et du Pinot Blanc. Le Savagnin donne des blancs très secs, d'une belle couleur jaune, au bouquet de noix nettement prononcé. On peut les boire pour la soif, mais ils s'épanouissent avec un poisson ou un poulet à la crème, surtout s'ils interviennent dans la préparation. Teneur alcoolique minimum : pour le rouge, 10°, pour le blanc, 10°5 ; rendement maximum : 45 hl/ha (rouge), 50 hl/ha (blanc). Production : 2 millions de cols, dont 40 % de blanc. Prix D-E.

Arbois mousseux AOC

Mousseux vinifié selon la méthode champenoise à partir de vins d'appellation Arbois. D'une grande qualité, il ne doit pas être confondu avec un produit inférieur baptisé *vin fou.* Prix D-E.

Arbois Pupillin AOC

Vins rouge, rosé et blanc sec, en provenance de la commune de Pupillin, dont le sol renforce le bouquet. Vin assez rare. Prix E.

Côtes du Jura AOC

Vins rouge, gris, rosé et blanc sec issus de vignobles du sud du Jura. Cépages pour le rouge, le gris et le rosé : Poulsard, Trousseau et Pinot Noir, mélangés ou non. Pour le blanc : Savagnin, Chardonnay et Pinot Blanc. Rendement : 45 hl/ha (rouge), 50 hl/ha (blanc). La région souffrant de gelées fréquentes, ces rendements sont rarement atteints. Teneur alcoolique minimum : 10°5 pour les blancs et 10° pour les autres. Caractérisques très proches de celles du vin d'Arbois. Production : 1,5 million de bouteilles, dont 80 % de blanc. Prix D.

Côtes du Jura Mousseux AOC

Mousseux vinifié selon la méthode champenoise à partir de crus ayant l'appellation Côtes du Jura, issus du Chardonnay et du Pinot Blanc, de préférence au Savagnin dont le bouquet est trop marqué. Prix D-E.

L'Etoile AOC

Vin blanc issu de vignobles particulièrement bien exposés, juste au nord de Lons-le-Saulnier. Cépages : Savagnin, Chardonnay et Poulsard, ce dernier vinifié en blanc. Rendement maximum : 50 hl/ha. Ces vins ont plus de finesse que ceux d'Arbois. Très appréciés avec le poisson de rivière à la crème. A signaler l'excellente appellation Etoile Mousseux, et un peu de *vin jaune* et de *vin de paille.* Production : 180000 bouteilles. Prix E.

Vin de Paille

Vin de dessert obtenu à partir de grappes que l'on expose pendant deux mois sur des claies de paille. A mesure qu'elles se dessèchent, la concentration en sucre augmente. Il en résulte un nectar d'une grande richesse, de couleur ambrée, ressemblant davantage à une liqueur qu'à un vin. Très rare, il est par conséquent très cher. Le vin de paille est vendu en bouteilles appelées des pots. Prix F.

Vin Jaune

Autre rareté du Jura, le *vin jaune* n'est pas une appellation en soi. C'est un type de vin élaboré dans les zones d'appellation Jura et Arbois. Son nom vient de sa couleur, acquise par un procédé de vieillissement unique. Seul cépage autorisé : Savagnin. Après des vendanges tardives, parfois sous la neige, il est vinifié normalement puis logé dans des fûts de chêne ayant déjà contenu du vin jaune où il est abandonné au moins 6 ans sans ouillage. Il en résulte – contre toutes les règles de l'œnologie – un vin à la robe ambrée, foncée, au bouquet puissant et complexe et à la saveur prononcée de noix. Ayant survécu à ce traitement, il est presque indestructible et peut se garder plus d'un siècle. Le plus connu est le Château-Chalon, qui a sa propre appellation. Prix F.

Savoie

Connue surtout pour ses blancs secs et nerveux, la Savoie produit aussi une gamme de blancs plus riches, de bons rouges et rosés et des mousseux.

Crépy AOC

Vin blanc sec légèrement perlant de Haute-Savoie, au nord-ouest de Genève. Seul cépage : Chasselas (appelé Fendant et Dorin en Suisse). Rendement maximum : 55 hl/ha. Sa faible teneur alcoolique (9° minimum), sa forte acidité naturelle et son léger perlé en font un vin très rafraîchissant. Le Crépy, cependant, est davantage qu'une boisson désaltérante : il a une jolie robe or pâle, un léger nez de violettes, une bouche plaisante qui finit bien. Il vieillit bien grâce à son acidité et gagne en complexité ce qu'il perd en fraîcheur. Le Crépy, dont la production n'est que de 250 000 bouteilles, s'accorde bien avec les poissons du lac Léman. Prix D-E.

Roussette de Savoie AOC

Vin blanc sec de Savoie, Haute-Savoie et une petite partie du département de l'Isère. Les cépages sont l'Altesse et le Chardonnay (joliment baptisé Petite-Sainte-Marie), limités à 50 %, et la Mondeuse Blanche. Teneur alcoolique minimum : 10° ; rendement maximum : 50 hl/ha. La Roussette est un vin très sec avec un bon fruit, une agréable acidité. Excellent en apéritif, avec la charcuterie, le poisson et la volaille. Production : environ 250 000 bouteilles. Prix C-D.

Roussette de Savoie + Cru AOC

Vin blanc sec produit en Savoie et en Haute-Savoie, issu exclusivement de l'Altesse. Les communes suivantes sont autorisées à faire suivre l'appellation Roussette de Savoie de leur nom : Frangy, Marestel, Monterminod et Monthoux. Rendement maximum : 45 hl/ha. Ces vins, surtout celui provenant de la commune de Marestel, ont davantage de fruit, de bouquet et de finesse que la Roussette de Savoie tout court. Ils sont absolument parfaits bus sur place, accompagant un poisson. Petite production. Prix D.

Seyssel AOC

Vin blanc sec de la commune de Seyssel, à cheval sur les départements de la Haute-Savoie et de l'Ain. Le vignoble est planté de part et d'autre du Rhône sur les flancs de collines orientées au sud-sud-ouest, dans un terrain calcaire crayeux, entre 200 et 400 mètres d'altitude. Seul cépage autorisé : Roussette ; teneur alcoolique minimum : 10° ; rendement maximum : 45 hl/ha. Longtemps le seul AOC de Savoie avec le Crépy, le Seyssel est sec et léger, avec un bouquet floral de violettes et d'iris et une fin de bouche admirablement équilibrée. A boire en apéritif, ou pour accompagner le poisson ou la viande blanche et les fromages locaux. Prodution : 180 000 cols. Prix C-D

Seyssel Mousseux AOC

Vin blanc mousseux issu de la Roussette et du Chasselas. Teneur alcoolique minimum : 8°5 ; rendement maximum : 65 hl/ha. Merveilleusement léger, sans rien de l'agressivité de certains mousseux. 80000 cols. Prix D-E.

Vin de Savoie AOC

Vins rouge, rosé et blanc sec des départements de la Savoie, de la Haute-Savoie, de l'Ain et de l'Isère. Cépages pour le rouge et le rosé, appelé *Clairets* dans la région : Mondeuse, Gamay, Pinot Noir. Le vin issu de la Mondeuse est particulièrement bon, avec une robe profonde, une saveur fruitée et souple. Le Pinot Noir et le Gamay donnent des vins plaisants, fruités, peu colorés, à boire jeunes et frais. Les meilleurs blancs sont issus des cépages locaux Jacquère et Altesse qui donnent au vin son caractère proprement savoyard. Autres cépages : Chardonnay, Aligoté et Chasselas donnant un vin agréable, sec et nerveux. Les blancs se servent en apéritif, avec les hors-d'œuvre, le poisson ou la volaille et, comme de juste, la fondue au fromage. Les rouges doivent être bus comme un Bourgogne ou un Beaujolais légers. Teneur alcoolique minimum pour tous : 9° ; rendement maximum, pour le rouge et le rosé : 60 hl/ha, pour le blanc : 65 hl/ha. Production : 7 millions de cols dont les deux tiers de blanc. Prix C.

Vin de Savoie + Cru AOC

Quand l'AOC fut conférée au Vin de Savoie, en 1973, certaines communes ou crus furent autorisés à ajouter leur nom sur l'étiquette ou même à vendre sous leur propre nom, l'appellation demeurant Vin de Savoie. Cette mesure concerne le rouge, le rosé, le blanc sec et le mousseux, parfois excellent, obtenu par la méthode champenoise. Teneur alcoolique minimum : 9°5 ; rendement maximum, pour le rouge et le rosé : 55 hl/ha, pour le blanc : 60 hl/ha. En voici la liste par ordre alphabétique, les meilleurs figurant en italique : *Abymes, Apremont,* Arbin, *Ayse,* Charpinnat, *Chautagne* (rouge), *Chignin, Chignin-Bergeron,* Cruet, Marignan, *Montmélian* (rouge), *Ripaille,* Saint-Jean-de-la-Porte, Saint-Jeorie-Prieuré, Sainte-Marie-d'Alloix. La plupart des blancs sont élaborés avec le cépage régional Jacquère et sont excellents. Prix C-D

Vin de Savoie Ayse Mousseux AOC

Vin mousseux issu de vignobles de la commune d'Ayse. Les cépages doivent être indigènes : Gringet, Altesse et Roussette d'Ayse, limitée à 30 %. Rendement maximum : 65 hl/ha. Ce vin possède une élégance remarquable. La plus grosse partie de la production est consommée dans la région, à Lyon et en Suisse. Prix E.

Vin de Savoie Mousseux AOC

Vin blanc et très peu de rosé issus de vignobles savoyards, vinifiés selon la méthode champenoise. Les meilleurs sont obtenus à partir du cru Ayse, mais on en élabore aussi de bons avec les vins de Chignin, Marignan et Ripaille. Les mousseux savoyards d'appellation sont toujours secs, très pâles et sont souvent peu effervescents. Il existe en Savoie une importante industrie de vin mousseux élaboré à partir de vin tranquille d'autre provenance. Aussi bon soit-il, il n'a pas droit à l'appellation. Prix : D-E.

Bugey

Les vins du Bugey viennent de vignobles du département de l'Ain, à mi-distance du Beaujolais et de la Savoie. On a pu craindre jusqu'à récemment la disparition de cette appellation, mais la demande locale, notamment celle des restaurateurs, a réveillé la production qui reste toutefois faible. Les vins du Bugey sont légers et plaisants, les rouges rappelant le Beaujolais, les blancs ceux de Savoie. Ils conservent les uns et les autres leur terroir.

Vin du Bugey VDQS

Vins rouge, rosé et blanc sec de vignobles du département de l'Ain, plantés autour de Bellet et Nantua. Cépages pour le rouge et le rosé : Gamay, Pinot Noir, Poulsard, Mondeuse (l'addition de 20 % de cépage blanc est autorisée). Ils sont peu colorés, fruités et doivent être bus jeunes. Le blanc, qui a davantage de personnalité, est un peu plus intéressant. Cépages autorisés : Altesse, Jacquère, Mondeuse Blanche (savoyards) additionnés de Chardonnay, d'Aligoté et de Pinot Gris. Les vins issus d'un seul cépage sont identifiés par l'étiquette. Teneur alcoolique minimum : 9° ; rendement maximum : 45 hl/ha. Ces vins, délicieux, légers et rafraîchissants, se marient remarquablement bien avec les spécialités culinaires de la région, écrevisses et quenelles. Le Vins du Bugey est un excellent exemple de la renaissance des vins régionaux. La production annuelle de l'ensemble de l'appellation est d'environ un million de bouteilles, dont 60 % de blanc. Prix B-C.

Vin du Bugey + Cru VDQS

Vins rouge, rosé et blanc sec de l'appellation Bugey provenant de 5 communes ayant le droit d'ajouter leur nom sur l'étiquette ou de vendre leur vin sous celui du cru : Virieu-le-Grand, Manicle, Machuraz, Montagnieu et Cerdon. Seules les deux dernières en profitent, Cerdon pour le rouge et le rosé, Montagnieu pour le blanc. Teneur alcoolique minimum : 9°5 ; rendement maximum 40 hl/ha. Ces vins, qui ont plus de terroir, justifient par leur qualité un prix plus élevé. Prix C.

Vin du Bugey Mousseux ou Pétillant VDQS

Vin blanc mousseux élaboré soit par la méthode champenoise, soit par la méthode rurale. La seconde, qui donne un produit plutôt pétillant que mousseux, conserve toute la finesse du vin. Cerdon bénéficie de sa propre appellation pour ses vins mousseux, mais les meilleurs vins tumultueux du Bugey sont élaborés à Montagnieu. Cette production, confidentielle, est presque entièrement absorbée par les restaurateurs de la région. C'est un vin idéal pour l'apéritif et qui s'accorde admirablement avec la cuisine légère du Bugey. Prix D.

Vins de Pays

Balmes Dauphinoises

Vins rouge, rosé et blanc sec du département de l'Isère. Ces vins ressemblent aux Vins de Savoie, mais il sont un peu moins typés. Cépages autorisés pour le rouge et le rosé : Gamay, Pinot Noir et Mondeuse auxquels peuvent être ajoutés du Syrah, du Merlot et du Gamay Teinturiers, mais presque tout le vin est issu du seul Gamay. Le blanc, plus intéressant, est un excellent vin de comptoir et provient du Chardonnay et du Jacquère (cépage savoyard) auxquels l'addition de Pinot Gris et d'Aligoté est autorisée. Ce vin est léger et rafraîchissant. Prix A.

Coteaux du Grésivaudan

Vins rouge, rosé et blanc sec d'Isère et de Savoie. Le rouge et le rosé sont issus du Gamay et du Pinot Noir, le blanc des même cépages que le Vin de Pays des Balmes Dauphinoises, auquel il s'apparente étroitement. Production assez importante pour un Vin de Pays de cette partie de la France : 500000 bouteilles. Prix A.

Franche-Comté

Vins rouge, rosé et blanc sec du Jura et de Haute-Saône. Cépages autorisés, pour le rouge et le rosé : Pinot Noir et Gamay ; pour le blanc : Chardonnay, Pinot Gris et Auxerrois (Pinot Blanc). Les blancs sont de loin les meilleurs, francs, fruités, avec une fin de bouche légèrement acidulée. Production : environ 200000 bouteilles. Prix A.

Vin de Pays de l'Ain

Très petite production. Ces vins se rapprochent de ceux du Bugey, mais ils n'ont pas droit à cette appellation. Prix A.

Alsace

L'Alsace, qui jouit d'un climat continental avec été et automne secs et de nombreux micro-climats, offre une palette assez étendue de vins grâce à ses terrains hétérogènes et à la variété de ses cépages.

Alsace AOC

Vins rouge, rosé, blancs sec et moelleux. Vignobles couvrant près de 11600 hectares, deux-tiers dans le département du Haut-Rhin, un tiers dans celui du Bas-Rhin. Production annuelle : 115 millions de cols (95 % de blanc sec). Petite production de rouge et de rosé. Très peu de vin blanc moelleux provenant de vendanges tardives. Le degré alcoolique minimum est de 8°5 avant chaptalisation, le plus bas autorisé en France. Le rendement maximum est de 100 hl/ha, le plus élevé autorisé pour un AOC. Les vins blancs ont une robe qui va du jaune très pâle à l'or soutenu avec des reflets verts ; ils possèdent tous un bouquet frais et exubérant. Ils sont plus ou moins secs. La classification du vin d'Alsace est fondée sur le cépage.

Chasselas

Ce cépage est au mieux dans le Crépy AOC (Savoie) et en Suisse où il donne le Fendant (Valais) et le Dorin (Vaud). En Alsace, on en tire un vin agréable, de faible acidité, à boire jeune, dont la plus grande partie sert à l'assemblage de l'Edelzwicker. Ce cépage en régression cède la place au Sylvaner et au Pinot Blanc et ne figure pour ainsi dire jamais sur une étiquette. Prix B-C.

Edelzwicker

L'Edelzwicker n'est pas un cépage, mais un assemblage de vins provenant de deux cépages nobles, ou davantage. Toujours blanc et sec, il possède l'arôme fleuri caractéristique des vins d'Alsace. Commercialisé sous un nom de marque sans autre précision, il s'agit généralement d'un assemblage de Chasselas et de Sylvaner, léger et nerveux.
Prix C.

Gewurztraminer

Le plus important cépage (presque 20 %) du vignoble alsacien après le Sylvaner. Le vin qu'on en tire a un bouquet exubérant, épicé, très caractéristique, et du gras. Son arôme exotique rappelle parfois le lychee. Un Gewurztraminer doit être fruité en bouche, mais sans excès. Les bonnes années, ce cépage donne certains des plus beaux vins de vendange tardive. Grâce à son arôme épicé, il convient aux mets riches, aux plats relevés et au Munster ; mais on le boit aussi volontiers seul. Mis à part les vins de vendange tardive, qui sont très chers, le Gewurztraminer doit être bu relativement jeune – de 2 à 4 ans. Les meilleurs sont produits entre Sélestat et Colmar. Prix D-E-F.

Clevner ou Klevner

C'est le nom alsacien de deux cépages qui se ressemblent comme des jumeaux : le Pinot Blanc et l'Auxerrois. La réputation du vin issu du Pinot Blanc grandit et il est maintenant vendu sous ce nom. Le Clevner a davantage de bouquet et de corps que le Sylvaner. Les vins produits à Pfaffenheim et à Westhalten son remarquables. Prix C-D.

Muscat

Deux muscats sont plantés en Alsace : le Muscat à Petits Grains et le Muscat d'Ottonel. Le premier donne un vin avec davantage de fruit et de corps, mais il est sensible à la pourriture ; le second possède la finesse et l'arôme propres au Muscat, mais il est parfois un peu mince. Moins de 3 % des Alsace sont des Muscat et la demande est forte. Très pâles, ils ont un bouquet musqué prononcé tout en étant sec en fin de bouche. Pour mieux apprécier leur arôme élégant, les boire de préférence seuls. Un bon Muscat est assez cher, mais vaut son prix. C'est un vin à consommer jeune.
Prix D-E.

Pinot Blanc

Ce cépage connaît une grande popularité en Alsace où il compte maintenant pour 16 % du vignoble. Le vin qu'on en tire est sec, fruité et rond, mais manque de finesse. On le consomme avec plaisir pendant le repas. Excellent rapport qualité/prix. Prix C-D.

Pinot Noir

En Alsace, on tire généralement du Pinot Noir un rosé, mais aussi un rouge. Vinifié en blanc, il est la base du Crémant d'Alsace. Le rouge n'est bon que les années très ensoleillées et le rosé se subsitue agréablement aux blancs d'Alsace quand on désire en changer, plutôt que d'être bu pour lui-même. Néanmoins, la vinification du Pinot Noir s'améliore, renforçant l'arôme de fraise propre à ce cépage. Ce vin doit être servi frais. Le meilleur est produit à Ottrott. Prix D-E.

Riesling

Le Riesling est le plus noble des cépages nobles du vignoble alsacien et on en tire le vin le meilleur. C'est un vin de grande élégance, bien typé, avec un nez floral et fin, fruité en bouche sans excès, doté d'une acidité citronnée qui en exalte le bouquet. Le Riesling de bas de gamme doit être bu jeune. Un excellent Riesling atteint son apogée entre 3 et 8 ans et les meilleurs continueront à s'améliorer au-delà. Les meilleurs terrains sont situés autour de Ribeauvillé, Hunawihr et Ammerschwihr, mais un bon Riesling peut être produit dans toute la région quand le mûrissement du raisin est sans reproche. Il s'accorde remarquablement avec le poisson d'eau douce, la viande blanche et, bien entendu, le coq au Riesling. Prix D-E-F.

Sylvaner

20 % du vignoble alsacien est planté en Sylvaner. On en tire un vin sans prétention, de couleur claire, rafraîchissant, avec une bonne acidité, qui peut jouer le même rôle que le Muscadet, bien que son bouquet soit différent. Comme

lui, il peut être légèrement perlant s'il est embouteillé très jeune. On trouve les meilleurs dans la région de Barr, Rouffach et surtout Mittelbergheim (vignoble du Zotzenberg). A boire jeune. Prix C-D.

Tokay d'Alsace ou Pinot Gris

Le vin issu du Pinot Gris était autrefois commercialisé sous le nom de Tokay d'Alsace. Afin d'éviter la confusion avec le Tokay hongrois, il doit maintenant obligatoirement être vendu sous le nom du cépage. Le Pinot Gris, qui ne couvre pas plus de 5 % du vignoble alsacien, donne un vin sec, riche, avec beaucoup de bouquet et de corps, mais peu d'acidité. Il ne possède toutefois ni le nez épicé du Gewurztraminer, ni l'élégance du Riesling. Le Pinot Gris se marie bien avec les pâtés et les terrines, le poulet et les viandes blanches, mais on l'apprécie aussi pour la soif. Les Caves Coopératives de Cleebourg, d'Obernai et de Kientzheim en produisent d'excellent. Prix D-E.

Alsace Grand Cru AOC

Il s'agit uniquement de vins blancs issus des cépages Riesling, Gewurztraminer, Pinot Gris (Tokay) et Muscat, provenant de vignobles sélectionnés. Le rendement maximum (70 hl/ha) est bien inférieur à celui autorisé pour l'appellation AOC Alsace simple. La teneur alcoolique après chaptalisation doit atteindre au minimum 10° pour le Riesling et le Muscat, 11° pour le Gewurztraminer et le Pinot Gris. Ces vins sont ainsi mieux structurés et possèdent une meilleure qualité intrinsèque due à la situation des vignobles pouvant bénéficier de cette appellation. Le nom du vignoble figure généralement sur l'étiquette, par exemple : Riesling du Rangen. Le nombre de vignobles autorisés à utiliser cette appellation augmente, mais celle-ci ne semble pas intéresser les négociants et les puissantes Caves Coopératives qui la jugent trop limitative. L'AOC Alsace Grand Cru peut être accompagnée du nom des lieux-dits dont la dernière liste a été publiée par décret le 23 novembre 1983 : Altenberg de Bergbieten, Altenberg de Bergheim, Brand, Eichberg, Geisberg, Gloeckelberg, Goldert, Hatchbourg, Hengst, Kantzlerberg, Kastelberg, Kessler, Kirchberg de Barr, Kirchberg de Ribeauvillé, Kitterlé, Moenchberg, Ollwiller, Rangen, Rosacker, Saering, Schlossberg, Sommerberg, Sonnenglanz, Spiegel et Weibelsberg. Prix D-E-F.

Crémant d'Alsace AOC

On élabore en Alsace par la méthode champenoise, à partir des cépages autorisés, du mousseux blanc et un peu de rosé qui doit être issu du Pinot Noir. Les Crémants d'Alsace sont des mousseux de bonne qualité, surtout si le vin tranquille est un Pinot Blanc. Pourtant ils n'égalent pas ceux originaires de Saône-et-Loire ni le Vouvray pétillant ou mousseux. Leur rapport qualité/prix est bon. On en produit plus d'un million de bouteilles par an. Prix D.

Lorraine

Les vins de Lorraine furent autrefois très appréciés, mais les guerres et le phylloxéra, et aussi le revenu plus élevé tiré de l'arboriculture (pruniers) ont entraîné une réduction de 90 % de la surface du vignoble.

Côtes de Toul VDQS

Vins rouge, rosé, gris et blanc sec des vignobles plantés autour de Toul, dans le département de Meurthe-et-Moselle. La majeure partie de la production de 120 000 bouteilles est un vin gris issu presque exclusivement du Gamay, encore que le Pinot Noir et le Pinot Meunier soient autorisés. Il est léger, sa teneur alcoolique minimum n'étant que de 9°5. Rendement maximum 60 hl/ha. Agréablement fruité, avec une légère acidité, il s'accorde bien avec la cuisine régionale. Prix B.

Vins de Moselle VDQS

Rouge et blanc sec provenant des vestiges des vignobles du département de la Moselle. Le rouge doit être issu du Gamay (minimum 30 %), du Pinot Noir et du Pinot Gris ; le blanc du Pinot Blanc et du Sylvaner. Ces vins sont légers et le rouge est pâle, mais ce n'est pas un rosé. Production en 1980 : rouge et blanc, 5 000 bouteilles. Prix C.

Vins de Pays

Vins de Pays de la Meuse

Vins blanc et gris d'un département plus connu pour sa bière. Ces vins, légers et plutôt acides, sont consommés sur place et ne voyagent pas. Prix A.

Bourgogne

Le vignoble bourguignon s'étend sur quatre départements : l'Yonne, la Côte d'Or, la Saône-et-Loire et le Rhône, et se compose de cinq régions viticoles : le Chablis, la Côte d'Or (dont on distingue la Côte de Nuits et la Côte de Beaune), la Côte chalonnaise, le Mâconnais et le Beaujolais. A 150 kilomètres au sud-est de Paris, le Chablis fait bande à part, séparé par 100 kilomètres du gros peleton des vignobles bourguignons qui s'échelonnent presque sans interruption de Dijon jusqu'à Lyon.

Rangés sous la même bannière, les vins de Bourgogne sont moins homogènes que ceux de Champagne ou d'Alsace, sans pour autant présenter la diversité des vins de la Loire ou de la vallée du Rhône. Leur variété découle, pour les rouges, du Pinot Noir et du Gamay, et, pour les blancs, du Chardonnay et de l'Aligoté.

Sur ces quatres cépages, ce sont le Pinot Noir et le Chardonnay qui produisent les meilleurs vins et c'est en Côte d'Or, au centre de la Bourgogne, que le Pinot Noir exprime au mieux toutes ses qualités, donnant des vins d'une élégance et d'une distinction incomparables ; plus au nord, dans l'Yonne, il ne mûrit bien que dans les grandes années, tandis que dans le Mâconnais et le Beaujolais il donne des vins âpres et mous. Le Chardonnay, quant à lui, s'adapte si bien au sol et au climat que partout en Bourgogne on en tire des vins d'une finesse et d'une personnalité remarquables. Le rôle du Gamay, mineur en Côte d'Or et dans la Côte Chalonnaise, s'affirme sur les sols granitiques du Beaujolais. Quant à l'Aligoté, qui ne peut rivaliser avec l'incomparable Chardonnay, il donne des vins secs à l'arôme discret.

De Chablis à Villefranche-sur-Saône, ces quatre cépages sont à l'origine d'une gamme complète de vins – rouges, blancs, rosés et mousseux –, les différences de l'un à l'autre résultant du climat, du sol et des méthodes de vinification.

Les vins qui ont établi, de part le monde, la renommée de la Bourgogne – les grands vins rouges et blancs de la Côte d'Or – n'entrent pas dans les limites de ce livre. Restent, pour chaque région précitée, quantité de vins locaux qui sans être des vins de tous les jours, sont abordables, compte tenu de leur grande qualité.

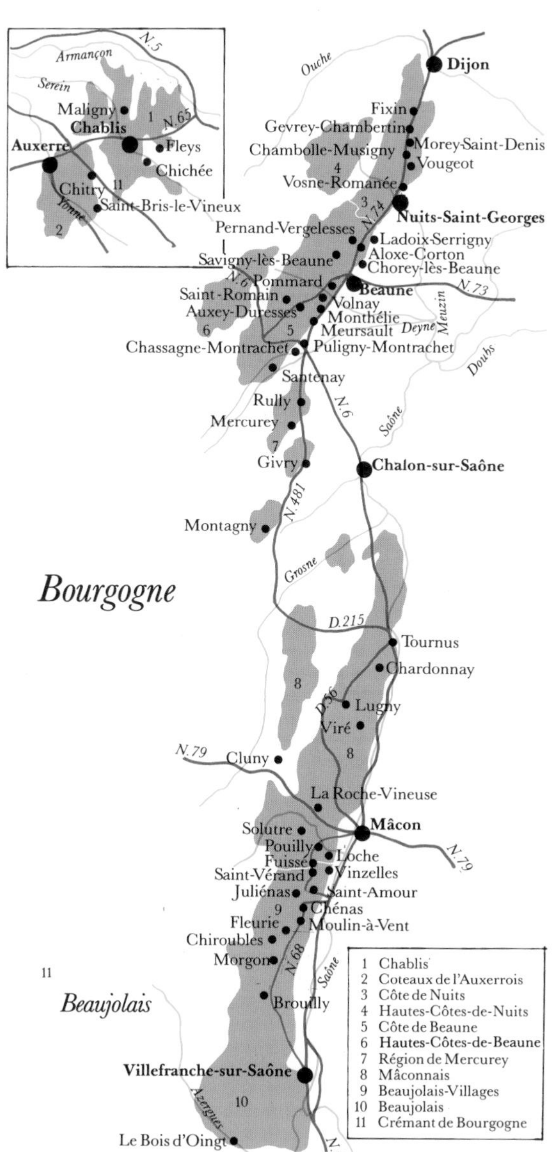
Armançon
N.5
Serein
Maligny
Chablis
1
N.65
Auxerre
Fleys
Chichée
Chitry
11
Yonne
Saint-Bris-le-Vineux
2
Ouche
Dijon
Fixin
Gevrey-Chambertin
Chambolle-Musigny
Morey-Saint-Denis
Vougeot
4
Vosne-Romanée
3
N.74
Nuits-Saint-Georges
Pernand-Vergelesses
Ladoix-Serrigny
Aloxe-Corton
Savigny-lès-Beaune
Chorey-lès-Beaune
N.6
Pommard
Beaune
N.73
Saint-Romain
Volnay
Auxey-Duresses
Monthélie
Meuzin
6
5
Meursault
Deyne
Chassagne-Montrachet
Puligny-Montrachet
Doubs
Santenay
Rully
N.6
Mercurey
Saône
7
Givry
Chalon-sur-Saône
N.481
Montagny
Grosne
Bourgogne
D.215
Tournus
Chardonnay
8
D.56
Lugny
Viré
8
N.79
Cluny
La Roche-Vineuse
Mâcon
Solutre
Pouilly
Loche
N.79
Fuissé
Saint-Vérand
Vinzelles
Juliénas
Saint-Amour
9
Chénas
Fleurie
Moulin-à-Vent
Chiroubles
Morgon
N.68
Saône
11
Beaujolais
Brouilly
Villefranche-sur-Saône
Azergues
10
Le Bois d'Oingt
N.6
1 Chablis
2 Coteaux de l'Auxerrois
3 Côte de Nuits
4 Hautes-Côtes-de-Nuits
5 Côte de Beaune
6 Hautes-Côtes-de-Beaune
7 Région de Mercurey
8 Mâconnais
9 Beaujolais-Villages
10 Beaujolais
11 Crémant de Bourgogne

Appellations régionales ou génériques

Ces appellations sont applicables à l'ensemble de la Bourgogne, quel que soit le lieu de production, pour autant que les cépages autorisés soient utilisés. En consultant l'étiquette, on apprendra l'origine du vin ou du moins où il a été embouteillé, ce qui donnera une idée de son style. Il est évident qu'un Bourgogne Aligoté ou un Crémant de Bourgogne de la région de Chablis ne sera pas le même vin que celui mis en bouteille dans le Mâconnais, en raison de la nature du terrain, du climat et des conditions météorologiques.

Bourgogne AOC

Vins rouge, rosé et blanc de l'aire d'appellation Bourgogne. Cépages pour les rouges et rosés : Pinot Noir sauf dans le Mâconnais et le Beaujolais, où ils peuvent être issu de Gamay, et dans l'Yonne où les cépages locaux César et Tressot sont autorisés. Teneur alcoolique minimum : 10° ; rendement maximum : 55 hl/ha. Le Bourgogne issu du Pinot Noir (presque uniquement de la Côte d'Or et de la Côte chalonnaise) devrait posséder toutes les qualités du cépage : jolie robe cerise-rubis pas trop foncée, arôme de fraise avec un soupçon de cassis, de framboise et de merise, une bouche et une fin de bouche harmonieuses et fruitées, ni trop lourdes, ni trop acides, ni trop douces. Quand l'indication d'origine ne figure pas sur l'étiquette d'un Bourgogne AOC, il s'agit d'un assemblage de vins de plusieurs communes. Les bons vins peuvent être bus relativement jeunes, entre 2 et 6 ans. Ceux qui sont moins réussis auront une robe trop pâle ou trop foncée et manqueront de fruit et d'équilibre. Les vins des 9 crus du Beaujolais (voir p. 51) peuvent être déclassés et vendus sous l'appellation Bourgogne (bien qu'ils soient issus de 100 % de Gamay), ce que certains négociants n'hésitent malheureusement pas à faire. Cette pratique étant encore autorisée par l'INAO, de nombreux négociants bourguignons précisent Pinot Noir sur l'étiquette, quand c'est le cas. Cépages pour les blancs : Chardonnay additionné parfois de Pinot Blanc et de Pinot Beurot. Teneur alcoolique minimum : 10°5 ; rendement maximum :

60 hl/ha. La grande majorité des blancs sont du pur Chardonnay provenant de la Côte d'Or et de la Côte chalonnaise. Ils ont une belle robe pâle, dorée à reflets verts, l'arôme de pomme caractéristique du cépage, de la profondeur et une fin de bouche très sèche. Leur dégustation est une parfaite introduction aux grands blancs de Bourgogne. A boire avec hors-d'œuvre, poisson, viande blanche et fromages locaux. Le Bourgogne rosé – couleur saumon, délicat fruit de Pinot – est excellent avec un repas estival. L'appellation Bourgogne présente généralement un bon rapport qualité/prix. Prix C-D.

Bourgogne Aligoté AOC

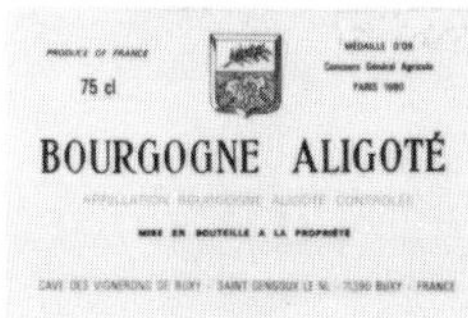

Vin blanc issu du cépage Aligoté, produit d'un bout à l'autre de la Bourgogne, de Chablis à Villefranche-sur-Saône. Le Chardonnay est autorisé à concurrence de 15 %. Teneur alcoolique minimum : 9°5 ; rendement maximum : 60 hl/ha. Le Bourgogne Aligoté est toujours pâle, vif et sec avec une verdeur en fin de bouche. Son style dépend de sa provenance. Il est, par exemple, plus nerveux et plus léger dans la région de Chablis, plus plein et plus fruité dans celle de Meursault. C'est l'apéritif parfait, le vin classique pour confectionner le Kir et il se marie bien avec les hors-d'œuvre et le poisson. A boire jeune. Prix C-D.

Bourgogne Clairet AOC

Vin rosé de la région bourguignonne, issu du Pinot Noir. Ce vin est généralement vendu sous l'appellation Bourgogne Rosé. Prix C-D.

Bourgogne Grand Ordinaire AOC

Vins rouge, rosé et blanc de toute la région, aussi appelés Bourgogne Ordinaire, le plus bas dans l'échelle des Bourgognes. Cépages pour le rouge et le rosé : Pinot Noir, Gamay et, dans l'Yonne, César et Tressot. Pour le blanc : Chardonnay, Pinot Blanc, Pinot Beurot, Aligoté, Melon de Bourgogne (le cépage du Muscadet) et, dans l'Yonne, Sacy. Teneur alcoolique minimum : 9°5 pour 55 hl/ha (rouge) et 60 hl/ha (blanc). Ces vins, généralement rouges, sont fruités et sans prétention, mais manquent de distinction. Certains vignerons font encore du BGO pour leurs clients parisiens et locaux. La demande étant faible, ce sont des produits authentiques et rarement décevants. Ils valent la peine d'y goûter. Prix C.

Bourgogne Passe-Tout-Grains AOC

Vins rouge (presque uniquement) et rosé provenant principalement de la Côte d'Or et de la Côte chalonnaise. Cépages : Gamay (pas plus des 2/3) et Pinot Noir (pas moins de 1/3). Teneur alcoolique minimum : 9°5 ; rendement maximum ; 55 hl/ha. Les meilleurs Passe-Tout-Grains viennent de la Côte de Beaune et de la Côte de Nuits, où la proportion de Pinot excède parfois le minimum légal. Fruité, possédant une belle robe, ce vin est en général excellent et un peu plus léger que le Bourgogne AOC. Il faut le boire jeune, de 2 à 4 ans, de préférence à la température de la cave. Prix C (la plupart)-D.

Bourgogne Rosé AOC

Vin rosé de toute la Bourgogne issu du Pinot Noir (César et Tressot autorisés dans l'Yonne). Teneur alcoolique minimum : 10° ; rendement maximum : 50 hl/ha. Le Pinot Noir vinifié en rosé a une jolie robe rouge-saumon, un arôme de fraise et une fin de bouche franche et fruitée. Il est au mieux l'été qui suit le millésime. La production est variable, les vignerons n'en vinifiant habituellement qu'en cas de surproduction potentielle de rouge. A boire dans la région ou dans les restaurants parisiens. Prix C-D.

Crémant de Bourgogne AOC

Vins mousseux blanc ou rosé issus de tous les cépages autorisés en Bourgogne, élaborés selon la méthode champenoise. Cette appellation, qui a remplacé celle de Bourgogne Mousseux, s'applique à toute la région, mais le vin est vinifié et embouteillé sur le lieu de production. Ainsi, un Crémant de l'Yonne et un Crémant du Mâconnais seront faits de raisins récoltés respectivement dans l'Yonne et le Mâconnais. Les meilleurs proviennent de la Côte chalonnaise et du Mâconnais. Très élégants, ils ont une mousse fine. Leur forte proportion de Chardonnay (parfois 100 %) en font un bon substitut du Blanc de Blanc de Champagne. Ils sont superbes dans le Kir royal. La production de Crémant rosé est insignifiante ; celle de Crémant blanc (environ 1,2 million de bouteilles) est en pleine expansion. Prix D-E.

Chablis et Bourgogne nord

Les vignobles de Chablis et de l'Auxerrois, les plus septentrionaux de Bourgogne, sont distants de 100 kilomètres de ceux de la Côte d'Or. Les marnes calcaires de Chablis ont davantage en commun avec la craie sénonienne de Champagne qu'avec le terrain plus riche de la Bourgogne centrale. Les vins blancs sont nerveux et secs, avec un bon fruit, mais sans posséder l'ampleur des vins blancs issus du Chardonnay, plus au sud.

Bourgogne Irancy AOC

Vins rouge et rosé de vignobles au sud-est de Chablis. Cépages : Pinot Noir, César et Tressot ; cépages locaux ; ces deux derniers sont en voie de disparition. Teneur alcoolique minimum : 10° ; rendement maximum : 55 hl/ha. L'Irancy fut connu dès le XIIe siècle, mais la popularité croissante des vins du centre et du sud de la Bourgogne et le phylloxéra ont entraîné le déclin de la production, tombée à 250000 bouteilles aujourd'hui. Les bonnes années, le rouge a une belle couleur profonde, un fruité concentré, un peu rustique, qui s'assouplit avec l'âge. Les mauvaises années, quand le Pinot Noir ne mûrit pas complètement à cette latitude, le rosé, frais, fruité, avec une agréable acidité, est plus intéressant. L'Irancy est à boire sur place. Prix C-D.

Chablis AOC

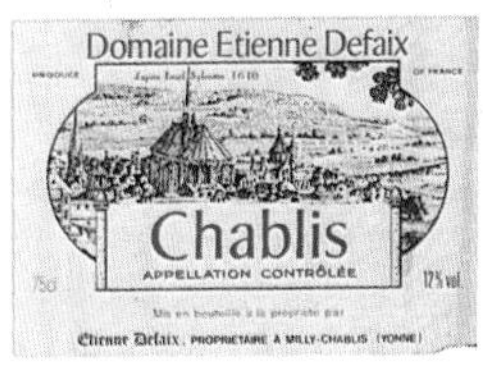

Vin blanc de la région de Chablis. Seul cépage autorisé : Chardonnay nommé localement Beaunois. Teneur alcoolique minimum : 10°, dépassée dans les bonnes années ; rendement maximum : 50 hl/ha. Le Chablis a une robe jaune pâle tirant sur le vert, un bouquet vif et caractéristique, une saveur fruitée et une fin de bouche très sèche. Il peut être bu jeune, 1 ou 2 ans après le millésime, mais se bonifie avec le temps, mieux que la plupart des autres Bourgogne blancs. Les plus remarquables sont les Grands Crus (45 hl/ha), puis les premiers crus, qui ne sépanouissent qu'après 3 à 5 ans. A Chablis, la production s'élève maintenant à 6 millions de cols environ. Le Chablis accompagne parfaitement les fruits de mer, le poisson et la viande blanche. A boire très frais, mais non glacé. Bon rapport qualité/prix, comparé aux autres bourgognes blancs. Prix D.

Petit Chablis AOC

Vin blanc issu du Chardonnay provenant de vignobles de la région de Chablis, plantés en plaine ou à la périphérie de l'appellation. Teneur alcoolique minimum : 9°5 ; rendement maximum : 50 hl/ha. Le Petit Chablis est léger et rafraîchissant. Il est franc et nerveux, ce qui est caractéristique du Chardonnay. A boire jeune (1 à 3 ans). Bon rapport qualité/prix. Prix D.

Sauvignon de Saint-Bris VDQS

Vin blanc issu du Sauvignon provenant de vignobles autour de Saint-Bris-le-Vineux, au sud-ouest de Chablis, seul endroit de Bourgogne où ce cépage soit planté. Teneur alcoolique minimum : 9°5 ; rendement maximum : 50 hl/ha. Nerveux et très sec. L'exubérance de l'arôme de groseille légèrement herbacé propre au cépage est atténuée par le terrain crayeux et l'exposition au nord. Sa forte acidité naturelle fait du Sauvignon de Saint-Bris un excellent apéritif, notamment dans le Kir, et un compagnon idéal des fruits de mer et des hors-d'œuvre. Prix B-C.

Côte d'Or

Côte de Nuits

Partie septentrionale de la Côte d'Or, la Côte de Nuits comprend environ 1 200 hectares de vignobles et s'étend des faubourgs de Dijon à Prémeaux, au sud de Nuits-Saint-Georges. La production de vin rouge prédomine à 99 %. Ce sont des vins puissants, néanmoins élégants, dont le style et la personnalité changent d'une commune à l'autre. Du nord au sud, les appellations communales sont les suivantes : Fixin, Gevrey-Chambertin, Morey-Saint-Denis, Chambolle-Musigny, Vougeot, Vosne-Romanée et Nuits-Saint-Georges. Ces vignobles donnent certains des plus grands vins de France. A l'exception de Fixin, aucune des grandes appellations n'a sa place dans ce guide.

Bourgogne Hautes-Côtes-de-Nuits AOC

Vins rouge, rosé et blanc de vignobles plantés en dehors des appellations communales de la Côte de Nuits. Cépages : pour le rouge et le rosé, Pinot Noir ; pour le blanc, Chardonnay et Pinot Blanc. Teneur alcoolique minimum : 10° ; rendement maximum : 50 hl/ha. Les blancs (5 % de l'appellation) sont vraiment excellents, fermes avec du bouquet. Les rouges, bien structurés, ont une belle robe (les bonnes années), un bon fruit et se bonifient lentement. Ils atteignent leur apogée entre 4 à 8 ans. Production : 850 000 cols. Compte tenu des prix pratiqués en Bourgogne, ces vins ont un bon rapport qualité/prix. Prix D.

Bourgogne Rosé de Marsannay AOC

Vin rosé de la commune de Marsannay-la-Côte, à la sortie de Dijon. Cépage Pinot Noir ; teneur alcoolique minimum : 10° ; rendement maximum : 50 hl/ha. Ce vin, qu'on appelle aussi Clairet de Marsannay, a une robe saumon, un bouquet délicat et le fruité caractéristique du cépage. Il partage avec le Tavel la réputation de meilleur rosé de France. Il est préférable de le boire jeune (1 à 3 ans) pendant qu'il est frais et fruité, mais il a du corps pour vieillir. Prix D.

Bourgogne Rouge de Marsannay AOC

Vin rouge de la commune de Marsannay-la-Côte issu du Pinot Noir. Si la commune produit surtout du rosé, certains vignerons vinifient en rouge, surtout les bonnes années, un vin moins coloré que les autres Côtes de Nuits, mais possédant le nez et la bouche fruités du Pinot Noir. Le Rouge de Marsannay peut être bu relativement jeune, de 3 à 5 ans. Prix D.

Côte de Nuits-Villages AOC

Vins rouge et blanc sec de 5 communes à l'extrême nord et à l'extrême sud de la Côte de Nuits : Fixin, Brochon, Prissey, Comblanchien et Corgolin. Teneur alcoolique minimum : pour le rouge 10°5 ; pour le blanc 11° ; rendement maximum 40 hl/ha. La production de blanc est faible, celle de rouge est considérable (environ 1 million). Les rouges ont toutes les caractéristiques d'un bon Côte de Nuits et seront bus entre 5 et 10 ans. Plus fruités et mieux charpentés, ils sont bien meilleurs que les Hautes-Côtes-de-Nuits. Ce sont les cadets des appellations communales, souvent trop chères. Prix E.

Fixin AOC

Vin rouge de la plus septentrionale des appellations communales de la Côte de Nuits. Teneur alcoolique minimum : 10°5 ; rendement maximum : 40 hl/ha. Peut aussi être vendu sous l'appellation Côte de Nuits-Villages. Le Fixin est un vin robuste, ressemblant au Gevrey-Chambertin en moins fin. A son apogée entre 5 et 10 ans. Jamais décevant. Prix E.

Côte de Beaune

Moitié méridionale des vignobles de la Côte d'Or s'étendant de Ladoix, au nord, à Santenay, au sud, sur 2 800 hectares, soit plus du double de ceux de la Côte de Nuits. Si celle-ci produit presque exclusivement des rouges, les blancs de la Côte de Beaune sont encore plus fameux que ses rouges. Issus du Chardonnay, provenant des communes de Corton, Meursault, Puligny-Montrachet et Chassagne-Montrachet, ce sont les meilleurs blancs secs de France. Les grands vins rouges, qui ont plus de charme et de souplesse que ceux de la Côte de Nuits, proviennent des appellations suivantes : Aloxe-Corton, Pernand-Vergelesses, Savigny-lès-Beaune, Beaune, Pommard, Volnay, Monthélie, Blagny, Chassagne-Montrachet et Santenay. Ces vins très prestigieux n'ont pas leur place ici. En revanche, on trouve dans la Côte de Beaune quelques appellations méritant toute notre attention.

Auxey-Duresses AOC

Vins rouge et blanc sec de la commune d'Auxey-Duresses à l'ouest de Meursault. Le cépage pour les rouges est le Pinot Noir. Teneur alcoolique minimum : 10°5 ; rendement maximum : 40 hl/ha. Les blancs sont issus du Chardonnay et du Pinot Blanc. Teneur alcoolique minimum : 11° ; rendement maximum : 45 hl/ha. Les blancs sont excellents et rappellent le Montrachet en plus discret. Ils ont une très jolie robe jaune pâle, la saveur et le bouquet propres au Chardonnay et une certaine finesse. Les rouges, qui ont une belle robe rubis, sont souples, élégants, et se font vite. Production : environ 550 000 bouteilles de rouge et 180 000 de blanc. Les uns et les autres sont de bons exemples du style de vin produit dans la Côte de Beaune. Prix E.

Bourgogne Hautes-Côtes-de-Beaune AOC

Vins rouge, rosé et blanc sec des vignobles situés en dehors de l'appellation Côte de Beaune. Cépages : Pinot Noir pour le rouge et le rosé, Chardonnay et Pinot Blanc pour le blanc. Teneur alcoolique minimum : 10° ; rendement maximum : 50 hl/ha. L'appellation, qui date de 1961, produit des rouges fruités, avec une belle robe et de la personnalité ; mais ils sont moins complexes et moins veloutés que ceux de l'appellation Côte de Beaune, beaucoup plus chers. Production : environ 1,3 million de bouteilles dont 98 % de rouge (vignoble en expansion). Ce vin, dû à des vignerons très sérieux, présente un bon rapport qualité/prix. Prix C-D.

Cheilly-lès-Maragnes AOC
Dezize-lès-Maragnes AOC
Sampigny-lès-Maragnes AOC

Ces trois villages, aux confins de la Saône-et-Loire, produisent un vin rouge issu du Pinot Noir qui peut être vendu sous son nom ou celui, plus connu, de Côtes de Beaune-Villages. Bien élaboré et fruité, il doit se boire relativement jeune. Prix D-E.

Chorey-lès-Beaune AOC

Vin rouge du nord de la Côte de Beaune provenant d'un vignoble situé en face d'Aloxe-Corton, de l'autre côté de la N 74. Issu du Pinot Noir, il doit peser au minimum 10°5. Rendement maximum : 40 hl/ha. Vin robuste et bien fait, il est souvent vendu sous l'appellation de Côte de Beaune-Villages. Quoique provenant d'un vignoble de plaine, ce vin ne manque pas de distribution. Bon rapport qualité/prix. Production : 600 000 bouteilles. Prix E.

Côte de Beaune-Villages AOC

Vin rouge issu du Pinot Noir, d'une ou de plusieurs des 14 communes autorisées de la Côte de Beaune. Teneur alcoolique minimum : 10°5 ; rendement maximum : 40 hl/ha. Ces vins ont une belle robe rubis veloutée, sont agréablement fruités et possèdent une certaine finesse. Moins typés que ceux provenant d'une seule commune, ils sont d'un prix intéressant. A boire entre 3 et 8 ans avec volaille, la viande rouge et le fromage. Prix E.

Saint-Aubin AOC

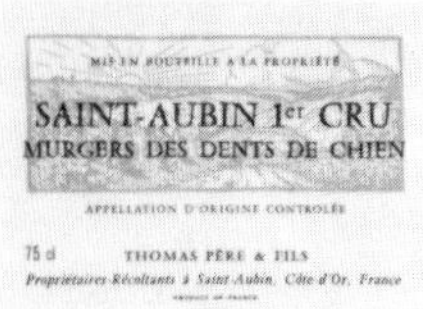

Vins rouge et blanc sec d'un vignoble de coteaux, entre Gamay et La Rochepot, au sud-ouest de Beaune. Le rouge, issu du Pinot Noir, est léger, fruité, et a du caractère ; le blanc, issu du Chardonnay, estimé généralement supérieur au rouge, a un beau bouquet floral et une fin de bouche élégante. Degré et rendement : voir Saint-Romain. L'un et l'autre peuvent être bus jeunes, de 2 à 4 ans. De nombreux négociants achètent ces vins pour les offrir sous l'étiquette Côte de Beaune-Villages. Prix E.

Saint-Romain AOC

Vins rouge et blanc sec de vignobles escarpés, à l'ouest d'Auxey-Duresses. Cépages : Pinot Noir, Chardonnay et Pinot Blanc (pour le blanc). Teneur alcoolique minimum : 10°5 ; rendement maximum : 40 hl/ha (rouge), 45 hl/ha (blanc). Ces vins peuvent aussi être vendus sous l'appellation Côte de Beaune-Villages. Le vignoble craint les gelées printannières. Le blanc, vif et fin, a une bonne acidité qui lui permet de vieillir. Le rouge, de belle couleur, a un arôme de fruits rouges et une certaine rusticité en fin de bouche. Il s'épanouit entre 4 et 8 ans. Il lui manque un peu du charme et de la souplesse des Côte de Beaune, mais il présente un bon rapport qualité/prix. Prix E.

Côte Chalonnaise

Cette région, entre la Côte de Beaune et le Mâconnais, tire son nom de la ville de Chalon-sur-Saône. Les cépages sont ceux de la Côte d'Or : Pinot Noir pour le rouge et le rosé, Chardonnay (Pinot Blanc encore autorisé) pour le blanc. L'Aligoté donne un excellent Bourgogne Aligoté et le Gamay, le Passe-Tout-Grains et le Bourgogne Grand Ordinaire. La Côte chalonnaise a cinq appellations (voir ci-dessous) et produit un très bon Bourgogne rouge (Pinot Noir) et certains des meilleurs Crémants. L'INAO étudie l'attribution d'une appellation Côte Chalonnaise aux meilleurs vins issus du Pinot Noir et du Chardonnay.

Bourgogne Aligoté de Bouzeron AOC

Vin blanc sec issu du vignoble de Bouzeron, à la sortie de Chagny. La commune de Bouzeron a reçu récemment sa propre appellation en raison de la qualité exceptionnelle du Bourgogne Aligoté (voir p. 37) qui y est produit (45 hl/ha). Ce vin est en général embouteillé au printemps suivant le millésime et peut avantageusement être bu aussitôt si l'on veut profiter de son fruité délicieux et de son acidité franche. A boire sur place. Prix D.

Givry AOC

Vins rouge et blanc sec de vignobles situés au centre de la Côte chalonnaise, directement à l'ouest de Chalon-sur-Saône. Le rouge, issu du Pinot Noir, ressemble au Mercurey avec moins de profondeur et de complexité. Le vin des petites années sera bu jeune (2 ans) et même servis frais pour en exalter le fruit. Le blanc (Chardonnay), avec une teneur alcoolique de 11°5 et un rendement de 45 hl/ha, est pâle, fruité, ferme, à l'image d'un Meursault léger. Le rouge est maintenant apprécié à Paris. Vins qui méritent d'être recherchés. Prix D.

Mercurey AOC

Vins rouge et blanc sec du nord de la Côte chalonnaise. Avant les décrets sur l'appellation, ces vins, issus du Pinot Noir et du Chardonnay, étaient rattachés à la Côte de Beaune. Les rouges, qui comptent pour 95 % de la production d'environ 3 millions de bouteilles, doivent peser au moins 10°5 (11° pour les premiers crus) ; rendement maximum : 40 hl/ha. Ils ont une belle robe et un beau fruit (cassis), du bouquet, de la souplesse et de l'élégance. On les boit de 3 à 5 ans, mais les bonnes années peuvent être conservées plus longtemps. Ils aiment la compagnie des rôtis de porc ou de veau, du poulet en sauce et des fromages pas trop forts. Les blancs (petite production, rendement maximum 45 hl/ha), nerveux et fins, parfois un peu acides dans leur jeunesse, sont une intéressante curiosité.
Bon rapport qualité/prix pour les rouges. Prix E.

Montagny AOC

Vin blanc sec issu du Chardonnay, produit aux environs de Buxy, dans le sud de la Côte chalonnaise. Teneur alcoolique minimum : 11°5 ; rendement maximum : 45 hl/ha. Après le Rully, le Montagny est le meilleur blanc de la région. Il a une robe jaune pâle, beaucoup de fruit, une fin de bouche aristocratique et sèche et un style qui le place à mi-chemin des blancs de la Côte de Beaune et du Mâconnais. Production 300000 cols. Très bon vin de la Coopérative de Buxy et des meilleurs vignerons. Prix D.

Rully AOC

Vins rouge et blanc sec des communes de Rully et de Chagny. Le blanc (Chardonnay et Pinot Blanc) est le plus connu. Teneur alcoolique minimum : 11° (11°5 pour les premiers crus) ; rendement maximum : 40 hl/ha. Un bon Rully blanc – robe dorée et pâle, bouquet fruité avec une touche de pomme verte et d'amande fraîche, fin de bouche racée – égale plusieurs vins plus prestigieux de la Côte de Beaune. Le Rully rouge (Pinot Noir) a une robe rubis clair, un bouquet fruité, une fin de bouche franche et ferme et peut se boire après 2 ans. Les Crémants de Bourgogne (voir p. 38) à base de Rully sont parmi les meilleurs. Prix D-E.

Le Mâconnais

Le Mâconnais commence un peu au nord de Tournus et finit juste au sud de Mâcon. Il s'étend sur une région de 50 km de long par 10 à 15 km de large. Les vignobles, plantés dans des terrains calcaires à base granitique, se trouvent tous sur la rive droite de la Saône.

Leur superficie totale, environ 6000 hectares, est bien inférieure à ce qu'elle fut avant le phylloxéra, mais on replante beaucoup de vigne depuis quelques temps. Les cépages sont le Chardonnay (avec un peu de Pinot Blanc) : près de 60 % ; le Gamay : 30 % ; le Pinot Noir : 10 % ; un peu d'Aligoté. 70 % de la production est vinifiée par les Caves Coopératives, dont les vins sont toujours de haute qualité. Outre les appellations Mâcon bien connues, la région produit beaucoup de Bourgogne blanc (Chardonnay), du Bourgogne rouge, du Bourgogne Passe-Tout-Grains, du Bourgogne Grand Ordinaire, un peu de Bourgogne Aligoté et une quantité importante d'excellent Crémant de Bourgogne. Les meilleurs vins du Mâconnais viennent de Pouilly-Fuissé.

Mâcon (Blanc) ou Pinot-Chardonnay-Mâcon AOC

Vin blanc sec du Mâconnais issu du Chardonnay (le Pinot Blanc, autorisé, disparaît graduellement). Teneur alcoolique minimum : 10° ; rendement maximum : 55 hl/ha. Le Mâcon blanc est le plus léger des blancs du Mâconnais, franc, frais et fruité, avec une robe jaune primevère pâle et une agréable acidité. A boire dans les 2 ans suivant le millésime avec les hors-d'œuvre, la charcuterie, le poisson, la volaille ou tout simplement pour la soif. Bon rapport qualité/prix. Prix C.

Mâcon (Blanc) supérieur AOC

Vin blanc sec similaire au Mâcon, mais pesant au moins 11°, d'où davantage de corps et de fruit. Cette appellation est de plus en plus remplacée par celle de Mâcon-Villages, qui sonne mieux aux oreilles des consommateurs. Bon rapport qualité/prix, les bonnes années. Prix D.

Mâcon (Rouge ou Rosé) AOC

Vins rouge et rosé provenant de vignobles de la région du Mâconnais. Les cépages autorisés sont le Gamay, le Pinot Noir et le Pinot Gris, mais ce dernier est rarement planté. Teneur alcoolique minimum : 9° ; rendement maximum : 60 hl/ha. Il s'agit d'agréables vins courants dont la robe est habituellement claire et qui n'ont pas trop de corps ni de bouquet. A boire sur place. Prix C.

Mâcon Supérieur Rouge (ou Rosé) AOC

Vins rouge et rosé du Mâconnais pesant un degré de plus que le précédent. Les rouges peuvent être issus de Gamay ou du Pinot Noir et ressemblent respectivement à un Beaujolais ou à un Bourgogne assez rustique. Quand ces deux cépages sont mélangés, il doit y avoir au moins 1/3 de Pinot Noir et le vin prend alors l'appellation de Bourgogne Passe-Tout-Grains (voir p. 38). Les rouges ont une robe rouge-cerise profonde, beaucoup de fruit, mais jamais beaucoup de souplesse. A boire, frais si l'on veut, avec charcuterie, volaille, viande rouge et fromage, 1 à 4 ans après le millésime. Les rosés, joliment violacés, se boivent jeunes et frais. Production : 8 millions de cols. Le Mâcon rouge est injustement méconnu. Il présente en général un bon rapport qualité/prix. Prix C.

Mâcon-Villages ou Mâcon + commune AOC

Vin blanc sec de la région du Mâconnais. Teneur alcoolique minimum : 10° ; rendement : 60 hl/ha. Le Mâcon-Villages est le plus répandu des Mâcon blancs avec une production de 11 millions de bouteilles sur 14. C'est un Chardonnay type : jaune pâle, arôme floral avec une touche de pomme, énormément de fruit et suffisamment de corps pour soutenir son bouquet aromatique, sans pour autant montrer de la prétention. Un bon Mâcon-Villages doit posséder une acidité rafraîchissante et peut se boire pour la soif. Il aime la compagnie de la charcuterie et du poisson de rivière. L'appellation Mâcon-Villages (généralement un assemblage de vins de plusieurs communes) peut être remplacée par celle de Mâcon suivi du nom d'une des 43 communes autorisées. Les plus connues sont : Clessé, Fuissé, Igé, Lugny, Prissé, Viré et Uchizy. 80 % de la production est vinifiée par les Caves Coopératives, dont celles de Lugny et de Viré, renommées pour la qualité de leurs vins. Hormis les années creuses où les conditions météorologiques défavorables entraînent une diminution de la production et, partant, un gonflement des prix, le Mâcon-Villages présente un rapport qualité/prix excellent. Prix D.

Pouilly-Fuissé AOC

Vin blanc sec du Mâconnais, issu exclusivement du Chardonnay, provenant des communes de Fuissé, Solutré, Pouilly, Vergisson et Chaintré. Teneur alcoolique minimum : 11° (12° si le climat ou le vignoble est précisé) ; rendement maximum : 50 hl/ha. Le Pouilly-Fuissé est sans conteste le plus célèbre et le meilleur vin du Mâconnais. C'est un Chardonnay de grande classe, l'égal d'un Meursault ou d'un excellent Chablis. Sa robe est or pâle teintée d'émeraude ; son bouquet, bien typé, est subtil ; sa saveur riche et complexe. Parfaitement sec, le Pouilly-Fuissé est soyeux comme le Meursault est moelleux. A ne pas boire moins de 3 ans après le millésime ; il se bonifie encore de 5 à 8 ans. Il ne faut pas confondre ce vin, qui comble généralement celui qui le boit, avec l'excellent Pouilly-Fumé de la Loire. Production 4 millions de cols. Prix F.

Pouilly-Loché AOC

Vin blanc sec de la commune de Loché, de même style que le Pouilly-Fuissé mais n'atteignant pas sa qualité. Les 150000 bouteilles annuelles sont bues sur place ou réservées à une clientèle privée. Prix E.

Pouilly-Vinzelles AOC

Vin blanc sec de la commune de Vinzelles et une partie de celle de Loché, dont les vins, similaires, sont moins connus. Le Pouilly-Vinzelles est le frère cadet, très doué, du Pouilly-Fuissé. Production : 270000 cols. Prix E.

Saint-Véran AOC

Vin blanc sec du Mâconnais, issu exclusivement du Chardonnay, provenant de 7 communes autour de Fuissé. Le vin de cette appellation récente (1971) doit peser au minimum 11° ; rendement maximum 55 hl/ha, contre 50 pour son cousin le Pouilly. Le Saint-Véran est un Chardonnay classique qui possède finesse, vivacité et distinction, mais ne prétend pas rivaliser avec son très prestigieux voisin. Excellent dans l'année suivant le millésime, il est à son apogée entre 2 et 5 ans. A boire avec de la charcuterie ou un poisson de rivière. Production : près de 2 millions de cols. Excellent rapport qualité/prix. Prix D-E.

Le Beaujolais

Le vignoble du Beaujolais est le plus méridional et le plus vaste de Bourgogne, couvrant environ 15000 hectares, principalement dans le département du Rhône. Dans cette région qui domine la vallée de la Saône, probablement la plus belle de Bourgogne, les vignes parsemées de fermes viticoles aux toits rouges couvrent les vallons et les collines jusqu'à une altitude de 500 à 600 mètres. Le principal cépage est le Gamay qui s'épanouit dans le sol granitique du Beaujolais. Les meilleurs, les Villages et les *crus,* sont élaborés dans le nord de l'appellation. Dans le sud – le Beaujolais-bâtard – au terrain calcaire, ils sont plus légers et vendus généralement en primeur. On plante un peu de Chardonnay au nord, dans le département de Saône-et-Loire, et on en tire un vin ressemblant à celui du Mâconnais. Production annuelle moyenne du Beaujolais rouge, rosé et blanc : 150 millions de bouteilles.

Beaujolais AOC

Vins rouge, rosé, blanc sec des vignobles du département de Saône-et-Loire, au sud de Mâcon, et de celui du Rhône, au nord de Lyon. Le rouge et le rosé proviennent du Gamay, le blanc du Chardonnay. Les Pinot Noir, Pinot Gris et Aligoté, autorisés, ne sont pas utilisés pour le Beaujolais. Le rouge et le rosé doivent peser 9° au minimum, le blanc 9°5 ; rendement maximum : 55 hl/ha. Le Beaujolais, léger, fruité, gouleyant, est le vin de carafe par excellence. Le rouge, qui compte pour 90 % de l'appellation – près de 50 % de la production de la région – doit être bu frais et dans l'année. Le Beaujolais, notamment le Beaujolais primeur mis en vente le 15 novembre, quelques semaines seulement après la vendange, doit posséder une belle couleur rouge violacé, un nez de raisin et une saveur fruitée. C'est un vin sans prétention. Prix C.

Beaujolais Supérieur AOC

Vins rouge, rosé et blanc sec soumis aux mêmes règles que le Beaujolais AOC, mais leur teneur alcoolique minimum est fixée à 10°. Production moyenne déclarée : 2 millions de bouteilles dont moins de 5 % de blanc. La production du rosé est négligeable. Ce vin possède les mêmes caractéristiques que le Beaujolais tout court, mais peut se conserver un peu plus longtemps. Prix C.

Beaujolais-Villages AOC

Vins rouge, rosé et blanc sec issus du Gamay et du Chardonnay plantés dans la partie septentrionale du Beaujolais. Rendement maximum : 50 hl/ha (rouge), 55 hl/ha (blanc). La production de blanc, infime, est en grande partie vendue sous l'appellation Saint-Véran. Le rosé est presque entièrement bu sur place. Les Beaujolais-Villages rouges sont fruités, plaisants, avec parfois beaucoup de corps sans cesser d'être gouleyants. D'une qualité à peine inférieure à celle des *crus*, ils offrent le meilleur rapport qualité/prix de la région. A boire dans l'année. Prix C.

Les crus du Beaujolais

Neuf crus différents sont produits dans la partie septentrionale du Beaujolais – autrefois Haut-Beaujolais. Il s'agit exclusivement de rouges issus du Gamay, pesant au minimum 10° (11° si le climat – ou vignoble – est précisé). Rendement maximum : 48 hl/ha. Dans la pratique, la teneur alcoolique, augmentée par chaptalisation (voir p. 12), atteint 12°5 à 13°5, les vins ayant suffisamment de fruit pour le supporter, ce qui n'est pas le cas de certains Beaujolais et Beaujolais-Villages. Les différents crus se marient bien avec la charcuterie, le veau, les volailles (notamment le coq au vin), la viande rouge, le gibier et le fromage. Ils doivent être servis à température de cave (12°).

Brouilly AOC

Cru ayant la plus grande surface (plus de 1 000 hectares), situé autour d'Odenas et de Saint-Lager. Production : plus de 8 millions de cols. Le Brouilly est un beaujolais typique, fruité, assez plein, avec un bouquet délicieux. Au mieux très jeune, il ne gagne rien à vieillir. Excellent rapport qualité/prix. Prix C.

Chénas AOC

Ce cru à la robe rubis est souvent négligé en raison de son voisinage avec le Moulin-à-Vent. Le Chénas est un vin bien structuré, généreux, au bouquet agréable (arôme de pivoine), élégamment fruité en fin de bouche. Moins plaisant que le Brouilly, moins typé que le Fleurie ou le Chiroubles, ce vin délicieux vieillit bien et mérite qu'on s'y intéresse. Prix D.

Chiroubles AOC

Encadré par le Fleurie et le Morgon, le Chiroubles est un des crus les plus légers, mais un des plus typés. Un bon Chiroubles est un Beaujolais exemplaire. La forte demande explique son prix relativement élevé. A boire au printemps suivant le millésime. Prix D.

Côte-de-Brouilly AOC

Situé au centre de l'appellation, le Côte-de-Brouilly provient de vignes accrochées au flanc de la Montagne-de-Brouilly. Plus dur et plus ferme que le Brouilly, il développe un nez de violettes qui manque à celui-ci. A boire jeune ou après 2 ou 3 ans. Prix D

Fleurie AOC

Connu comme la reine du Beaujolais, le Fleurie a une belle robe, un merveilleux bouquet floral, une fin de bouche élégante et harmonieuse. A boire dans les 18 mois suivant le millésime, plus tard pour les vins de vieilles vignes ou d'une bonne année. Un des plus chers, mais il le mérite. Prix D-E.

Juliénas AOC

Ce cru à la robe pourpre provient de vignobles plantés à l'extrême nord du département du Rhône. Ce vin robuste possède un bouquet étonnamment élégant de framboise et de pêche de vigne qui en fait un des crus les plus délicieux du Beaujolais. On peut le boire six mois après le millésime, pour apprécier son fruit exceptionnel, ou le conserver 2 à 4 ans. Bon rapport qualité/prix.

Morgon AOC

Deuxième après le Brouilly pour la surface, le Morgon est, en comparaison avec le Fleurie ou le Chiroubles, un vin charnu. Sa robe est d'un beau rubis profond et la richesse de son arôme s'exprime le mieux après 1 ou 2 ans de bouteille. Jeune, il a moins de fruit que les autres beaujolais, mais en vieillissant il acquiert un caractère presque bourguignon. Les amateurs qui désirent quelque chose de plus que le goût du Gamay apprécient ce cru. Prix D.

Moulin-à-Vent AOC

Le plus prestigieux des crus du Beaujolais. Issu de vignobles des communes de Romanèche-Thorins et de Chénas, il doit toujours posséder une robe profonde et le fruit du Gamay doit être souligné pour une richesse veloutée en bouche. Peut être bu dans l'année suivant le millésime, mais le Moulin-à-Vent des bonnes années ne s'ouvre vraiment qu'après 3 ans et peut se conserver 10 ans ou plus. C'est le plus cher des crus. Prix E.

Saint-Amour AOC

Le plus septentrional, entièrement situé en Saône-et-Loire, ce cru a souvent une robe plus claire que les autres, mais il tient bien en bouche. Excellent Beaujolais, il est pourtant dénué de toute caractéristique exceptionnelle. Son nom n'est pas étranger à son succès et à son prix, un des plus élevés du Beaujolais. Prix D-E.

Vignobles adjacents

Coteaux du Lyonnais VDQS

Vins rouge, rosé et blanc sec provenant de vignobles plantés au sud de Villefranche-sur-Saône et autour de Lyon. Le rouge et le rosé, qui forment 95 % de la production, sont issus du Gamay. Le rouge ressemble au Beaujolais, en moins spirituel, mais possède un authentique goût de terroir. Le blanc, nerveux, fruité et sec, est issu du Chardonnay, de l'Aligoté ou du Melon de Bourgogne, est consommé sur place. Cet agréable vin est bon marché. Prix B.

Vins de Pays

Vin de Pays de l'Yonne

Vin blanc de la région de Chablis, Irancy, Coulanges-la-Vineuse et Saint-Bris. Cépages : Chardonnay, Aligoté, Sacy ou Sauvignon. Rendement maximum : 80 hl/ha ; teneur minimum : 9°. Vin léger, nerveux, sec, typique d'un Chardonnay septentrional. Prix A.

Vallée du Rhône

Les vignobles des Côtes du Rhône sont plantés de part et d'autre du fleuve, sur près de 200 kilomètres, de Vienne à Avignon. Comme la vallée de la Loire, cette région produit le plus large éventail possible de vins : blanc sec, demi-sec riche, rosé, rouge léger, rouge puissant, mousseux et même vin doux naturel. S'il existe un point commun entre ces différents vins, c'est probablement leur bouquet intense. Mais si le soleil brille uniformément sur toute la région, ses vins n'ont pas l'uniformité qui caractérise souvent ceux des climats chauds.

Les vignobles sont groupés en deux régions bien déterminées : les Côtes du Rhône septentrionales et les Côtes du Rhône méridionales. Depuis peu, on produit aussi du vin entre les deux. Le style du vin dépend autant de la proportion des différents cépages que de la nature du terrain. Le Grenache, dominant sauf au nord, donne au vin un corps puissant et une couleur riche ; le Syrah, qui domine totalement le nord, donne une robe pourpre foncée et un bouquet épicé intense ; le Cinsault, très utile pour l'élaboration du rosé, tempère le fruit très riche du Grenache auquel il apporte une élégante souplesse ; le Mourvèdre, de rendement faible, renforce la charpente du vin et sa capacité à se bonifier en vieillissant. Les vignobles du nord sont généralement étagés en terrasses, ceux du sud plantés en plaine, sur un terrain caillouteux. Les vins des Côtes du Rhône septentrionales sont plus fermes et moins riches en alcool.

Mis à part les exceptionnels Condrieu (et Château Grillet) et Hermitage, au nord, la région ne produit pas de vin blanc qui puisse rivaliser avec les grands vins d'Alsace, de Bourgogne et de la Loire.

Tous les Côtes du Rhône ont gagné en popularité au cours de la dernière décennie, en partie en raison de l'éveil de la curiosité du consommateur pour des vins qu'il ne buvait pas souvent auparavant, mais surtout grâce aux efforts des viticulteurs, vignerons, Caves Coopératives et négociants pour améliorer la qualité et préserver l'originalité des diverses appellations. On peut encore lire sur les panneaux dressés le long de l'autoroute du sud : « Côtes du Rhône, Vins du Soleil ». Ils méritent beaucoup mieux.

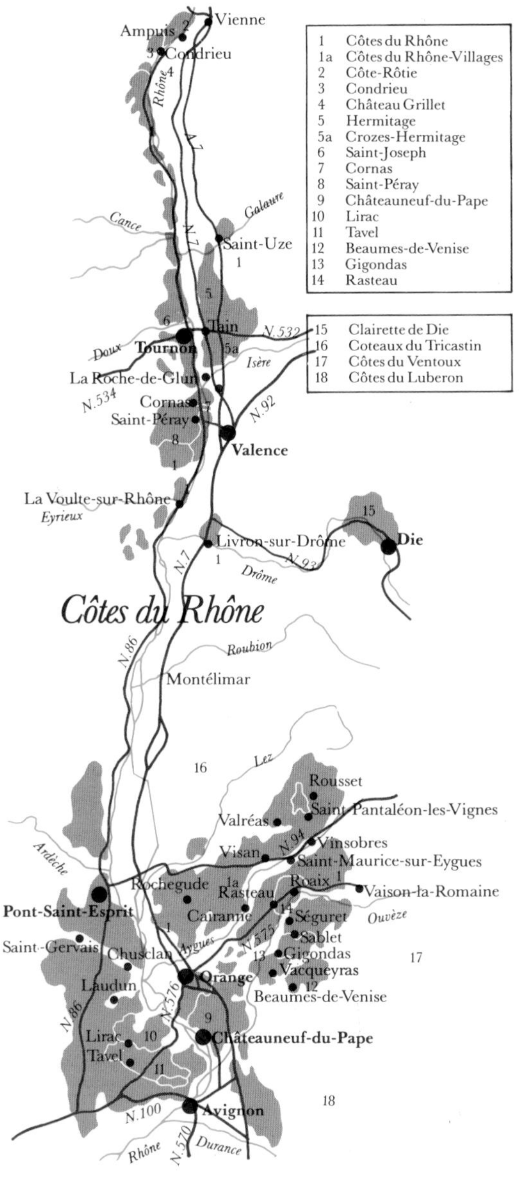
Côtes du Rhône
1 Côtes du Rhône
1a Côtes du Rhône-Villages
2 Côte-Rôtie
3 Condrieu
4 Château Grillet
5 Hermitage
5a Crozes-Hermitage
6 Saint-Joseph
7 Cornas
8 Saint-Péray
9 Châteauneuf-du-Pape
10 Lirac
11 Tavel
12 Beaumes-de-Venise
13 Gigondas
14 Rasteau
15 Clairette de Die
16 Coteaux du Tricastin
17 Côtes du Ventoux
18 Côtes du Luberon
Vienne
Ampuis
Condrieu
Rhône
A.7
Galaure
Cance
N.7
Saint-Uze
Tain
N.532
Doux
Tournon
Isère
La Roche-de-Glun
N.534
Cornas
Saint-Péray
N.92
Valence
La Voulte-sur-Rhône
Eyrieux
Livron-sur-Drôme
N.93
Drôme
Die
N.86
Roubion
Montélimar
Lez
Rousset
Saint-Pantaléon-les-Vignes
Valréas
Visan
N.94
Vinsobres
Saint-Maurice-sur-Eygues
Ardèche
Rochegude
Rasteau
Roaix
Vaison-la-Romaine
Pont-Saint-Esprit
Cairanne
Séguret
Ouvèze
Saint-Gervais
Chusclan
Aygues
N.575
Sablet
Gigondas
Vacqueyras
Orange
Laudun
Beaumes-de-Venise
N.576
Lirac
Châteauneuf-du-Pape
Tavel
N.100
Avignon
Rhône
N.570
Durance

Côtes du Rhône AOC

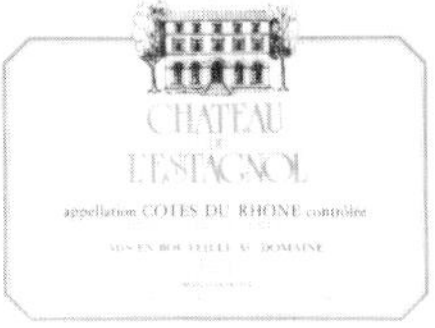

Vins rouge, rosé et blanc sec issus de vignobles plantés de part et d'autre du Rhône, de Vienne, au nord, à Avignon. Cette appellation couvre 80 % des vins produits dans la vallée du Rhône. Le rouge et le rosé (largement minoritaire) doivent contenir au moins 70 % de cépages nobles, Grenache, Syrah, Mourvèdre et Cinsault, complétés par des cépages moins connus : Counoise, Muscardin, Vaccarèse, Terret Noir, Camarèse et un maximum de 30 % de Carignan, le cépage à haut rendement du Midi. Le blanc doit être issu des cépages suivants : Clairette, Roussanne, Marsanne, Grenache Blanc, Bourboulenc et un peu d'Ugni Blanc. Pour tous les vins d'appellation Côtes du Rhône, teneur alcoolique minimum : 11° ; rendement : 50 hl/ha.
Les blancs, généralement agréables et fruités, manquent d'acidité à l'exception des meilleurs. Il doivent être bus dans l'année suivant le millésime, avant d'avoir perdu leur fraîcheur. Ils s'accordent bien avec le climat et les mets régionaux. Les rosés, souvent trop alcoolisés pour être vraiment désaltérants, doivent toujours être bus frais et jeunes. Même les rouges, au mieux de 1 à 3 ans, seront servis frais par temps chaud, afin de diminuer l'impression alcoolique et faire ressortir le fruit. Production moyenne : rouge et rosé, 200 millions de cols ; blanc, 3 millions. La plus grande partie de l'appellation est produite par des Caves Coopératives. Bon rapport qualité/prix, mais attention : on trouve encore des vins de qualité médiocre.
Prix B.

Côtes du Rhône-Village AOC

Vins rouge, rosé et blanc provenant de 17 communes du Vaucluse, du Gard et du sud du département de la Drôme. Tous les Côtes du Rhône-Villages proviennent de la partie méridionale de la vallée. Ils sont décrits p. 62.

Côtes du Rhône septentrionales

Les Côtes du Rhône septentrionales s'étendent sur une bande étroite de part et d'autre du fleuve et de Vienne à Valence. Les vignobles s'accrochent à flanc de coteau, souvent sur des terrasses dont les murets forment les marches d'un gigantesque escalier dominant la vallée. Le Syrah est le principal cépage, dont sont issus l'Hermitage et le Côte-Rôtie, deux des meilleurs vins de France. Le Côte-Rôtie, exceptionnellement, peut inclure jusqu'à 20 % d'un cépage blanc, le Viognier, cépage très rare planté uniquement autour d'Ampuis et de Condrieu. Un excellent vin d'appellation Côtes du Rhône est produit dans les vignobles de la rive droite du Rhône, dans la région de Saint-Désirat, et sur la plaine à l'est de Tain-l'Hermitage.

Cornas AOC

Vin rouge produit uniquement autour du village de Cornas, dans le département de l'Ardèche, au sud de Tournon, sur la rive droite du Rhône. Seul cépage : le Syrah, dont le caractère est ici exalté. Robe grenat, presque noire ; arôme exubérant de fruit concentré (cassis, framboises, violettes) âpre quand il est jeune, le vin s'assouplit merveilleusement après 5 ans. Teneur minimum : 10° ; rendement maximum : 40 hl/ha, généralement inférieur, le vignoble étant presque entièrement en coteaux. Moins noble que l'Hermitage, moins élégant que le Côte-Rôtie, le Cornas est le vin qui s'en approche le plus. Il se marie admirablement avec la viande rouge, le gibier et les fromages. Le Cornas est très rarement décevant. Prix E.

Crozes-Hermitage AOC

Vins rouge et blanc sec issus de vignobles plantés autour de la ville de Tain-l'Hermitage. Les rouges doivent être vinifiés à partir du Syrah (jusqu'à 15 % de raisin blanc de même appellation peuvent être ajoutés pendant la fermentation). Teneur minimum : 11°, rendement maximum : 40 hl/ha. Le Crozes-Hermitage rouge a une belle robe cerise-rubis profond, pourpre violacé quand le vin est jeune, un bouquet de cassis ou de framboise et un fruit épicé. A quelques exceptions près, ce vin ne devrait pas être considéré comme un Hermitage de qualité inférieure, comme c'est parfois le cas. Il est au mieux de 2 à 5 ans. Cépages pour le blanc : Roussanne et surtout Marsanne. Robe jaune pâle, bouquet d'acacia, nerveux en fin de bouche. Excellent en apéritif, avec les hors-d'œuvre – jambon fumé et melon par exemple – et le poisson. Le rouge se marie bien avec la volaille, la viande rouge et le gibier. Production en augmentation (actuellement 3,5 millions de cols de rouge et 510000 de blancs). Certains vins élaborés par des vignerons sont particulièrement remarquables. Prix C-D.

Saint-Joseph AOC

Vins rouge et blanc sec de vignobles de la rive droite du Rhône, autour de Tournon et de Mauves, dans l'Ardèche. Mêmes cépages que pour le Crozes-Hermitage : Syrah pour le rouge, surtout Marsanne pour le blanc. Teneur alcoolique : 10° ; rendement maximum : 40 hl/ha. Le blanc est très fin, remarquablement élégant, avec un arôme subtil d'abricot. Presque aussi bon que l'Hermitage blanc, avec l'avantage qu'il peut être bu jeune, ce vin est rare, la demande excédant l'offre. Le rouge, très coloré, plus ferme et plus rustique que le Croze Hermitage, exige souvent 3 ans pour atteindre sa plénitude et peut vieillir jusqu'à 8 ans. Le rouge est moins cher que le blanc. Prix D-E

Saint-Péray AOC

Vin blanc sec de la rive droite du Rhône, en face de Valence. Cépages : Roussanne et Marsanne donnant une robe jaune-paille pâle, un arôme de violettes et une bonne acidité naturelle. Peut être gardé ou bu jeune. Production presque entièrement consommée sur place ou vendue à des clients privés. Ce vin très typé mérite d'être recherché. Prix D.

Saint-Péray Mousseux AOC

Mousseux élaboré par la méthode champenoise, issu de vignobles plantés en face de Valence, sur la rive droite du Rhône, le Saint-Péray fut autrefois le vin tumultueux le plus célèbre de France après le champagne. Sa robe est plus dorée que celle du champagne et il possède plus de corps en raison des cépages utilisés et du climat. Sa production excède celle du vin tranquille. Prix D-E.

Côtes du Rhône intermédiaires

On a beaucoup replanté de vigne dans cette région intermédiaire, notamment dans l'aire d'appellation Tricastin, entre Montélimar et Bollène, mais l'activité agricole principale demeure l'arboriculture. Outre les appellations décrites ci-dessous, on produit un Côtes du Rhône souple et fruité au sud de Valence, autour de La Voulte-sur-Rhône, sur la rive droite, et de Livron-sur-Drôme, sur la rive gauche du fleuve.

Châtillon-en-Diois AOC

Vins rouge, rosé et blanc sec provenant de vignobles sur la rive gauche du Rhône, dans la Drôme, au sud et à l'est de Die. Le rouge et le rosé doivent être issus d'un maximum de 75 % de Gamay et de 25 % de Syrah et de Pinot Noir au plus. Légers en alcool (minimum 11°), avec un rendement maximum de 50 hl/ha, ces vins colorés, sans beaucoup de corps, sont à boire jeunes. Le blanc, environ 10 % de l'appellation, est issu de cépages bourguignons, Chardonnay et Aligoté. Il est léger et spirituel. Les Caves Coopératives assurent presque toute la production. Le vin de cette appellation n'est pas cher, mais sa qualité n'est pas beaucoup supérieure à celle d'un bon Vin de Pays. Prix B.

Clairette de Die AOC

Vin effervescent sec et demi-sec provenant des deux rives de la Drôme, autour de Die, à l'ouest de Valence. Cépages : Clairette et Muscat à Petits Grains. Le vin tranquille, exclusivement à base de Clairette est spirituel et nerveux, mais l'accent est mis sur le mousseux. Deux méthodes sont utilisées : la méthode champenoise à partir de vins issus principalement de la Clairette, vendus comme Clairette de Die Brut et la méthode dioise (ou méthode rurale, semblable à la méthode gaillaçoise, p. 169), à partir de vins issus pour 50 % au moins du Muscat, vendus comme Clairette de Die demi-sec ou Tradition. Ce dernier est bien meilleur, avec une effervescence moins agressive et le bouquet du Muscat entièrement conservé. La Clairette de Die mousseux doit être bu très jeune et frappé. La Cave Coopérative produit les trois quarts des 6 millions de bouteilles annuelles, la Cuvée Tradition étant la meilleure. Prix D.

Coteaux du Tricastin AOC

Vins rouge, rosé et blanc sec issus de vignobles plantés à l'est du Rhône, entre Montélimar et Bollène, dans le département de la Drôme. Le Tricastin a connu l'expansion la plus rapide de tous les Côtes du Rhône, recevant l'appellation VDQS en 1964, alors qu'il était inexistant une décennie auparavant, et l'appellation contrôlée dix ans plus tard. Les cépages sont classiques pour la région, soit 50 à 60 % de Grenache, 20 % de Syrah, le reste fait de Cinsault, Mourvèdre et Carignan. Le rouge, qui ressemble au Côtes du Rhône méridional, a une robe profonde, un fruité souple et possède une vivacité et un bouquet épicé satisfaisants dus au Syrah. Le rosé est agréable et le blanc (dont la petite production est consommée sur place) a de la rondeur et beaucoup de bouquet. La teneur alcoolique minimum est de 11° et le rendement maximum de 50 hl/ha. Le rouge est le meilleur des Tricastin et offre un excellent rapport qualité/prix. Prix C.

Côtes du Vivarais VDQS

Vins rouge, rosé et blanc sec provenant de vignobles plantés sur la rive droite du Rhône, en Ardèche et dans le nord du département du Gard, au-dessus de Pont-Saint-Esprit. Les cépages sont les mêmes que pour le Côtes du Rhône générique. En outre, le Gamay est autorisé. La production de blanc ne représente que 1 % des 3 millions de bouteilles annuelles. Le rouge et le rosé se laissent boire facilement. Peut-être plus légers et plus acides que les Côtes du Rhône, les Côtes du Vivarais sont des vins parfaits pour arroser des vacances en Ardèche. Prix B.

Haut-Comtat VDQS

Vins rouge et rosé comprenant au moins 50 % de Grenache, issus de vignobles plantés à l'est du Rhône, autour de Nyons, dans le département de la Drôme. Ces vins robustes et bien vinifiés ne se rencontrent plus guère car ils sont principalement vendus sous le nom des villages de Saint-Pantaléon-les-Vignes et de Rousset (voir p. 64) avec l'appellation Côtes du Rhône. Prix C.

Rhône méridional

Les Côtes du Rhône méridionales s'étendent de part et d'autre du fleuve entre Pont-Saint-Esprit et Avignon dans le sud des départements de la Drôme, du Vaucluse et du Gard. Les vignobles, généralement en plaine, occupent une région de 60 km de large sur 80 km de long. Le terrain est exceptionnel, très aride et recouvert de pierraille qui, notamment dans l'appellation Châteauneuf-du-Pape, dissimule complètement le sol. Les cépages sont ceux de toute la vallée du Rhône, le Grenache dominant largement. La proportion relative des cépages varie d'un village à l'autre, mais la grande différence des vins produits provient surtout de la nature des terrains. La domination du rouge est écrasante, le blanc ne comptant que pour moins de 1 %. La plupart des Côtes du Rhône génériques et tous les Côtes du Rhône-Villages viennent du sud. Les exploitations les plus vastes sont les Caves Coopératives dont le nom et celui du village figurent sur l'étiquette.

Châteauneuf-du-Pape AOC

Vins rouge et blanc sec issus de vignobles du Vaucluse, entre Orange et Avignon. Cette appellation est mondialement connue, mais on peut la classer parmi les vins régionaux, car le style du vin est étroitement lié à la région. L'encépagement autorisé est très original puisqu'il ne compte pas moins de 13 cépages : Grenache, Syrah, Mourvèdre, Cinsault, Counoise, Terret Noir, Muscardin, Vaccarèse, Picardan, Picpoul, Clairette, Roussanne et Bourboulenc. Les 5 derniers sont blancs. Teneur minimum : 12°5, souvent dépassée ; rendement maximum : 35 hl/ha. Le blanc (2 à 3 % du total) a une belle robe pâle et un bouquet floral équilibrant ce vin capiteux hier peu connu. Le rouge, généralement très bon, peut être exceptionnel : robe intense et profonde tirant sur un bel acajou en vieillissant, un fruit exubérant et concentré, un arôme épicé (muscade) et une fin de bouche riche. Certains Châteauneuf-du-Pape peuvent se boire jeunes, ceux qui sont élaborés de façon traditionnelle s'épanouissent entre 5 et 15 ans. Production annuelle moyenne : 14 millions de cols. Prix E.

Côtes du Rhône-Villages AOC

Vins rouge, rosé et blanc de 17 communes du sud de la Drôme, du Gard et du Vaucluse. Pour pouvoir ajouter « Villages » (ou le nom de la commune) à l'appellation Côtes du Rhône, le rouge et le rosé doivent peser au moins 12°5 pour un rendement maximum de 35 hl/ha (contre 50 hl pour les génériques). Afin d'assurer une qualité encore meilleure, la proportion de Grenache est limitée à 65 %, celle de Carignan à 10 % et les cépages nobles, Syrah, Cinsault et Mourvèdre, doivent atteindre au moins 25 %. Les Villages ont généralement une couleur plus profonde que les génériques, avec un arôme prononcé de cassis ou de violettes. Souvent âpres quand ils sont jeunes, ils s'équilibrent en vieillissant. Le blanc doit être issu d'au moins 80 % de Clairette, Roussanne ou Bourboulenc et peser 12° au minimum. Bien vinifié, avec suffisamment d'acidité, il est délicieux en apéritif ou pendant le repas. Le rosé – généralement mélange de Grenache-Cinsault – est fruité et assez lourd. Il est préférable de le boire jeune. Les Côtes du Rhône-Villages offrent aujourd'hui un des meilleurs rapports qualité/prix. Production moyenne annuelle : 15 millions de cols. Les 17 communes sont citées ci-dessous en ordre alphabétique. Prix C.

Beaumes-de-Venise AOC

Situé au sud-est de Vacqueyras et de Gigondas, ce village est mieux connu pour son vin doux naturel. Le rouge est charnu, bien vinifié et possède une robe profonde.

Beaumes-de-Venise AOC (VDN)

Le vin doux naturel de Beaumes-de-Venise est issu uniquement du cépage Muscat connu comme Muscat de Frontignan. Avant fermentation, le moût doit peser 15° et après mutage (voir p. 101) 21°5 au maximum. Le Muscat de Beaumes-de-Venise possède une robe jaune-or pâle ensoleillée, un extraordinaire parfum de raisin de Muscat frais, doublé d'un arôme de pêche mûre et une fin de bouche riche et sucrée. Il faut le boire frais, mais non glacé, en apéritif ou avec un dessert car il est trop aromatique pour se marier avec les mets. A boire jeune pour en tirer la quintessence. La production atteint près de 1 million de bouteilles, la plupart provenant de la Cave Coopérative. Prix E.

Cairanne AOC

Un des plus importants et des meilleurs Villages au centre des vignobles à l'est du Rhône, dans le Vaucluse. La plus grande partie de la production provient de terrains argileux qui donnent un vin rond avec une couleur pleine. La partie du vignoble plantée dans la garrigue donne un vin à la robe incroyablement profonde, avec un riche bouquet épicé, énormément de fruité et une fin de bouche tannique indiquant qu'il doit vieillir. Producteur principal : la Cave Coopérative qui fait aussi un peu de blanc et de rosé. Un bon Cairanne est au mieux après 2 ans mais peut tenir 10 ans.

Chusclan AOC

Situé entre Pont-Saint-Esprit et Laudun, à l'ouest du Rhône, dans le Gard, le Chusclan bénéficie du même terrain que le Tavel. Réputé de longue date pour son rosé, ce vignoble produit surtout aujourd'hui un rouge fruité et agréable à boire jeune. Le rosé, issu du Grenache et du Cinsault, très bien vinifié, est au mieux un an après le millèsime.

Laudun AOC

Situé à mi-distance de Chusclan et Lirac, Laudun fait le meilleur Côtes du Rhône-Villages blanc. Robe pâle, bouquet floral venant de la Clairette et une très bonne acidité pour la région. Bon rosé n'égalant pas le Chusclan. Le rouge a une couleur profonde et un certain bouquet épicé.

Rasteau AOC

Important Village situé à 20 km au nord-est d'Orange et à l'est de Cairanne. Le terrain est la garrigue d'où provient le meilleur Cairanne. Son Vin doux naturel, qui ne compte pourtant que pour un tiers de la production est le plus connu. Le rouge est un vin remarquable, proche du Cairanne, qu'il faut garder 1 ou 2 ans. Le rosé et le blanc sont agréables, mais on en trouve de meilleurs ailleurs.

Rasteau AOC (VDN)

Vin viné issu exclusivement du Grenache. Seul le raisin le plus mûr est retenu pour ce vin, afin d'obtenir un degré alcoolique naturel maximum. La fermentation est arrêtée après 3 ou 4 jours par addition d'alcool pur distillé à partir du vin lui-même, ce qui élève le degré à 21°5 (voir p. 101) tout en préservant la douceur du moût non fermenté. Le Rasteau VDN est soit « blanc » (or profond), soit « rouge » (rouge-brun-orangé). Vieilli plusieurs années en fût, il prend un goût de Rancio, un des meilleurs VDN, et des plus rares. Parfait en apéritif ou comme digestif, il accompagne très bien un melon. Prix E.

Roaix AOC

Situé à l'est de Rasteau, près de l'Ouvèze, affluent du Rhône, Roaix produit surtout un rouge possédant un peu moins de couleur et de corps que le Cairanne ou le Rasteau, mais de bonne qualité, à boire de 2 à 4 ans après le millésime.

Rochegude AOC

Vin rouge exclusivement, issu de vignobles à 8 km de la sortie Bollène de l'autoroute, entre Suze-la-Rousse et Sainte-Cécile-les-Vignes. Le Rochegude a une robe foncée couleur de prune et un fruité souple. Excellent de 1 à 3 ans.

Rousset AOC

Le plus septentrional des Villages, dans la Drôme, au-dessus de Saint-Pantaléon-les-Vignes dont le vin est produit par la même Cave Coopérative. Petite production de vins assez fruités, mais d'une façon générale plus légers que ceux provenant du département du Vaucluse.

Sablet AOC

Situé entre Séguret et Gigondas, le Sablet ne possède généralement pas la majesté du Gigondas, mais présente une souplesse qui le différencie du Cairanne, plus musclé et épicé. Vin bien fait, gouleyant et très fruité.

Saint-Gervais AOC

Village le plus à l'ouest, dans le Gard, au sud de Pont-Saint-Esprit. Le Saint-Gervais a davantage d'élégance que certains vins du Vaucluse, une belle couleur et un fruit de cassis. Généralement inférieur au Laudun et au Chusclan.

Saint-Maurice-sur-Eygues AOC

Entre Vinsobres et Visan, plus connus, à l'est du Rhône, dans le département du Vaucluse, Saint-Maurice-sur-Eygues produit des vins, généralement rouges, d'une bonne moyenne.

Saint-Pantaléon-les-Vignes AOC

Située au sud de celle de Rousset, la commune de Saint-Pantaléon-les-Vignes fait élaborer son vin par la même Cave Coopérative. Vin rouge au fruité caractéristique, il peut être bu assez jeune.

Séguret AOC

Contigu à Roaix (même Cave Coopérative), à environ 1 km au nord de Sablet. Le vin de Séguret possède une robe de couleur profonde, un bon fruit et une certaine robustesse. A boire 2 à 4 ans après le millésime.

Vacqueyras AOC

Le Côtes du Rhône-Villages de Vacqueyras, entre Gigondas et Beaumes-de-Venise, jouit d'une réputation à nulle autre pareille. Possédant toujours une robe de couleur très profonde, un bouquet épicé concentré et une bouche puissante et veloutée, ce vin doit être gardé 3 ou 4 ans et peut vieillir 10 ans ou davantage. Le bon Vacqueyras talonne les Gigondas et les Châteauneuf-du-Pape et, même si c'est le plus cher des Villages, il a un excellent rapport qualité/prix.

Valréas AOC

Situé à l'est du Rhône, au nord de Visan et à l'ouest de Vinsobres, Valréas est un des 4 villages formant l'*Enclave des Papes*, une enclave du Vaucluse dans le département de la Drôme. La taille du vignoble est impressionnante : plus de 1 400 hectares. Le vin rouge possède une robe foncée veloutée, il est puissant sans être lourd et généralement d'excellente qualité. Au mieux après 3 à 5 ans. Valréas produit un peu de rosé, sec et franc, agréable à boire jeune.

Vinsobres AOC

Une des communes le plus à l'est. Grosse production de Côtes du Rhône générique. Le Vinsobres est charnu, avec beaucoup de corps. Il est bon mais manque souvent de la profondeur et du caractère des Villages situés plus au sud.

Visan AOC

Situé au nord-est d'Orange, au centre de l'*Enclave des Papes,* Visan produit un vin rouge de belle couleur avec un bouquet puissant équilibrant bien sa richesse alcoolique. Dans les bonnes années, il peut attendre, mais dans les autres, il est parfois un peu lourd. Petite production d'un bon vin blanc.

Côtes du Ventoux AOC

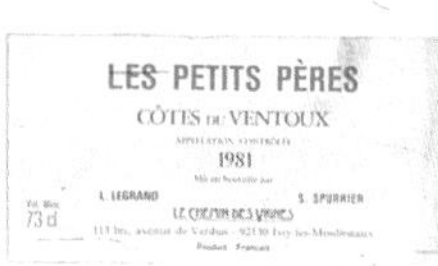

Vins rouge, rosé et blanc sec issus de vignobles plantés au pied du mont Ventoux. Mêmes cépages que le Côtes du Rhône (voir p. 56), même degré (11°) et même rendement maximum (50 hl/ha). Production de 18 millions de cols qui était vinifiée en un vin rouge très léger (vin de café). La tendance est, aujourd'hui, d'obtenir davantage de couleur et de corps pour se rapprocher du style Côtes du Rhône. Le blanc est rarement vu ailleurs, le rosé est plaisant et fruité, mais c'est le rouge qui mérite attention. Vin très séduisant, fruité et gouleyant que l'on conseille de boire dans un délai de 1 à 3 ans. Excellent rapport qualité/prix. Prix B-C.

Gigondas AOC

Vins rouge et rosé issus de vignobles autour de Gigondas, à l'ouest d'Orange, dans le Vaucluse. Comme les Côtes du Rhône-Villages, dont il faisait partie jusqu'à 1971. Le Gigondas doit utiliser 65 % de Grenache au plus, 25 % de Syrah, Mourvèdre et Cinsault, le solde provenant de cépages mineurs peu plantés. Le rosé doit comprendre un maximum de 15 % de Cinsault, alors que le Carignan est interdit. Il n'est donc pas trop lourd et l'alcool n'est pas trop prononcé. Teneur alcoolique minimum : 12°5 ; rendement maximum : 35 hl/ha. Le rosé, rose pâle, a une bouche et un bouquet exubérants. Le rouge est infiniment plus intéressant : robe presque noire, puissant bouquet de bruyère, épicé, bouche riche et tannique. Généralement très dur quand il est jeune, il ne commence à s'ouvrir qu'après 3 ou 4 ans et peut vieillir 15 ans ou davantage. Sa concentration en fruit et son style en fait le cadet du Châteauneuf-du-Pape. Il est même parfois meilleur. Se boit avec la viande rouge, le gibier et le fromage. Production moyenne : 5 millions de bouteilles.
Prix E.

Lirac AOC

Vins rouges, rosé et blanc sec issus de vignobles situés sur la rive droite du Rhône, en face de Châteauneuf-du-Pape. Le rouge et le rosé utilisent les principaux cépages du Rhône : Grenache (maximum 40 %), Cinsault, Syrah et Mourvèdre. Le blanc, qui contient un minimum de 35 % de Clairette, a une robe pâle, un bouquet floral et une bonne acidité, mais on en produit peu. Le Lirac rouge est un

Villages supérieur, plus élégant et plus souple, tandis que le rosé vaut presque le Tavel voisin. Tous ces vins doivent peser au minimum 11°5 (ce qui est bas pour cette région de la vallée du Rhône et implique que ces vins sont moins capiteux et moins fatiguants que les autres). Rendement maximum : 35 hl/ha. Remarquable avec la volaille, la viande rouge ou blanche et le fromage ; le Lirac a un excellent rapport qualité/prix. Prix C.

Tavel AOC

Rosé sec de vignobles au sud de Lirac, au nord-ouest d'Avignon, issu surtout du Grenache (maximum 60 %) et du Cinsault (minimum 15 %). Le degré alcoolique minimum (11°) est presque toujours dépassé, le Tavel étant un vin fruité et charnu avec beaucoup de corps. Son style varie selon les vignerons. Autrefois, la mode voulait des vins à la robe orangée ayant séjourné en fût ; aujourd'hui, elle préfère une robe plus rose, même violacée, et des vins élevés en cuve et embouteillés jeunes. Le Tavel, le plus fameux des rosés de France, se marie parfaitement avec les hors d'œuvre, les poissons de rivière, la viande blanche et la volaille. Se boit frais, de préférence jeune. Production : 5 millions de cols. Prix C-D.

Côtes du Lubéron VDQS

Vins rouge, rosé et blanc sec issus de vignobles plantés sur la rive droite de la Durance, à l'est d'Avignon, dans le département du Vaucluse. Les cépages autorisés, le degré minimum et le rendement maximum sont les mêmes que pour le Côtes du Rhône générique. Ce vin fut d'ailleurs vendu sous l'appellation Côtes du Rhône. Le blanc est léger, droit et très agréable jeune. Le rosé possède une jolie robe et se marie bien avec la cuisine régionale ou avec les repas estivaux. Le rouge a un style qui l'apparente davantage au Côtes du Ventoux qu'au Côtes du Rhône ; d'une belle robe rubis et d'un goût de fruits mûrs en fin de bouche, il est au mieux jeune et ne doit pas être conservé plus de 3 ans. La production, notamment celle des Caves Coopératives, est en augmentation. Ce vin est bon marché. Prix A-B.

Vins de Pays

La quantité de vins produits localement dans la vallée du Rhône est telle, surtout dans le sud, qu'il ne semble plus y avoir de place pour d'autres vignobles et d'autres vins. En vérité, les Vins de Pays sont soit des vins extérieurs aux aires d'appellation, mais appartenant pourtant géographiquement à la région, soit des vins issus de cépages n'étant pas habituellement ceux qui sont utilisés. Généralement prix A.

Vin du Pays de l'Ardèche

Vins rouge, rosé ou blanc sec de style similaire à celui du Vin de Pays des Coteaux de l'Ardèche, qui comptent pour plus de 95 % de la production locale de Vins de Pays.

Vin de Pays de la Drôme

Vins rouge, rosé et blanc du nord du département sur la rive orientale du Rhône. Pour le rouge, le cépage principal est le Syrah, complété par le Grenache et le Cinsault. Il ressemble à un Crozes-Hermitage léger et épicé ou à un Coteaux du Tricastin. Les blancs, généralement à base de Clairette, sont légers et parfumés. La production de Vin de Pays de la Drôme excède 2 millions de cols.

Vin de Pays du Vaucluse

Vins rouge, rosé ou blanc sec provenant principalement du sud du département. Grosse production, surtout de rouge souple issu du Grenache et du Cinsault, dans le style d'un Côtes du Rhône de consommation courante.

Collines rhodaniennes

Vins rouge, rosé et blanc de la partie septentrionale de la vallée du Rhône, originaires des départements de l'Isère, de la Loire, de l'Ardèche et de la Drôme. Cépages : vin rouge, surtout Syrah et Gamay avec un peu de Pinot Noir autorisé dans la Loire, de Merlot et de Cabernet Franc dans l'Isère ; vin blanc, cépages locaux (Marsanne et Roussanne), l'Aligoté, le Chardonnay et le Jacquère pouvant entrer dans cette combinaison qui donne un vin un peu plus nerveux que le sont les blancs de la vallée du Rhône.

Comté de Grignan

Vins rouge, rosé et blanc sec du sud de la Drôme, à l'est du Rhône. Cépages habituels de la Vallée du Rhône, plus un peu de Pinot Noir et de Gamay autorisés pour le rouge et le rosé, un peu de Chardonnay pour le blanc. Le rouge représente le gros de la production. Il ressemble à un Côtes du Rhône de l'*Enclave des Papes*, en bien plus léger.

Coteaux de Baronnies

Vins rouges, rosé et blanc sec de la pointe sud-est du département de la Drôme. Principaux cépages pour le rouge : Cinsault, Grenache, Gamay, Syrah et Pinot Noir plantés en assez haute altitude, donnant un vin plaisant et fruité ; pour le blanc : cépages habituels de la vallée du Rhône plus Aligoté et Chardonnay. Les Vins de Pays des Coteaux de Baronnies doivent peser davantage que les autres Vins de Pays, soit 10°5 pour les blancs et 11° pour les rouges, ce qui donne plus de caractère.

Coteaux de l'Ardèche

Vins rouge, rosé et blanc issus de vignobles plantés dans une vaste région couvrant la partie méridionale du département de l'Ardèche jusqu'à la limite du Gard. En sus des cépages habituels – Syrah, Grenache et Cinsault – les principaux autres cépages rouges sont le Cabernet Sauvignon, le Gamay, le Pinot Noir et le Merlot. On fait d'excellents vins d'un seul cépage offrant un des meilleurs rapports qualité/prix avec le Syrah, le Cabernet Sauvignon ou le Gamay. Les blancs à base de cépages locaux et d'un peu de Chardonnay, d'Aligoté, de Sauvignon et d'Ugni Blanc sont bien élaborés, légers et rafraîchissants.

Principauté d'Orange

Vins rouge et rosé des communes de Bollène, Orange, Vaison-la-Romaine et Valréas, dans le Vaucluse. On utilise les principaux cépages autorisés pour le Côtes du Rhône, et les vins qu'on en tire ressemblent aux plus légers vins d'appellation contrôlée de cette même région.

Provence, Midi, Corse

Cette vaste région présente une mer quasi ininterrompue de vignobles le long de la côte méditerranéenne. Ces dernières années, on l'a parfois décrite comme la « Californie de France » et il existe en effet quelques similitudes entre elles. Le vignoble méditerranéen est rôti par un soleil omniprésent et les règles qui gouvernent les appellations sont probablement ici moins strictes qu'ailleurs en France. C'est peut-être pour cela, mais surtout en raison de la médiocrité générale des vins méditerranéens et de la mauvaise rentabilité de sa viticulture, que la région Provence-Languedoc est devenue un centre d'essais de procédés modernes de vinification et d'utilisation de cépages inhabituels. Que le Midi puisse améliorer sa production est la question la plus intéressante qui se pose actuellement dans le monde vinicole.

Datant des Romains, les vignobles de Provence, du Languedoc et du Roussillon sont parmi les plus anciens de France. Leurs vins étaient réputés et d'une qualité telle qu'ils rivalisaient avec ceux de Rome. Deux mille ans plus tard, le Midi n'était presque plus connu que pour son gros rouge et ses rosés super-alcoolisés, rivali-

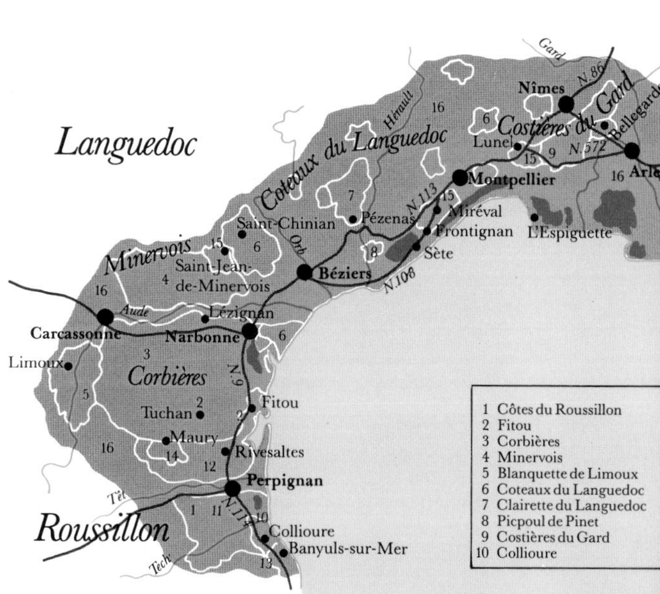

sant seulement dans l'imperfection. De nombreux changements sont intervenus depuis les années soixante et la recherche de la qualité, plutôt que du rendement, commence à porter ses fruits.

Le vignoble méditerranéen se divise d'est en ouest en cinq grandes régions : Côtes de Provence et Coteaux d'Aix-en-Provence dans les départements du Var et des Bouches-du-Rhône ; Costières du Gard dans le Gard ; Coteaux du Languedoc dans l'Hérault ; Corbières et Minervois dans l'Aude ; Côtes-du-Roussillon dans les Pyrénées-Orientales. On y trouve des vins de toutes les couleurs et de tous les types élaborés à partir d'une myriade de cépages parmi lesquels le Carignan domine. En plus de l'immense quantité d'AOC, VDQS et Vins de Pays, deux des meilleurs VDN de France, le Muscat de Frontignan et le Banyuls, en proviennent. Et il faut se garder d'oublier les différents vins corses.

On plante avec succès dans toute la région les cépages nobles : Cabernet Sauvignon et Merlot du Bordelais, Sauvignon de la Loire, Chardonnay de Bourgogne et Syrah de la vallée du Rhône. Les styles et même les noms des vins changent constamment. Pour la plupart des amateurs, l'avenir des vins régionaux se trouve sur la Méditerranée.

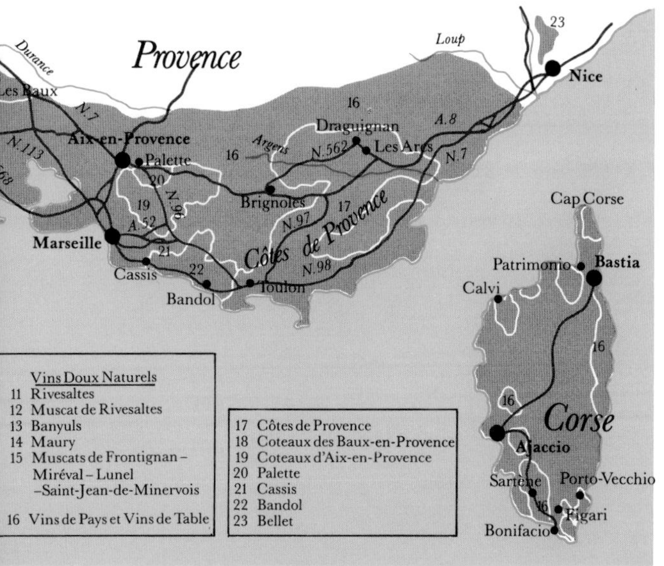

Provence et Coteaux de Provence

Les vignobles de Provence sont parmi les plus anciens de France car les premières vignes y ont été plantées il y a plus de 2500 ans. Plus connus pour leur rosé, ils donnent d'excellents rouges et quelques blancs séduisants.

Bandol AOC

Vins rouge, rosé et blanc sec issus de vignobles en terrasses entre Toulon et La Ciotat. Avant 1977, Bandol était, avec Cassis, Palette et le très rare Bellet, une des quatre seules appellations contrôlées de Provence. Le rouge est indéniablement le meilleur vin de Provence, pouvant rivaliser avec les meilleurs Côtes du Rhône. Il contient au moins 50 % de Mourvèdre, qui lui donne sa charpente, une robe profonde et veloutée et l'aptitude à vieillir, du Grenache et du Cinsault. Il séjourne 18 mois en fût avant la mise en bouteilles et demande encore 18 mois avant de commencer à s'ouvrir. Un Bandol d'un bon domaine peut se garder 20 ans. Les mêmes cépages composent – avec un apport plus important de Grenache – le rosé dont la robe est rose saumon avec un soupçon d'orange provenant du séjour obligatoire de 8 mois en fût. Ce vin élégant et homogène se marie admirablement avec la cuisine provençale. Le blanc (150000 cols), fait de Clairette et d'Ugni Blanc (Bourboulenc et Sauvignon autorisés), est bu sur place. Production : 3 millions de cols. Prix C-D-E.

Cassis AOC

Vins rouge, rosé et blanc sec de vignobles autour du port de Cassis. Cette très petite appellation (150 hectares) est réputée pour son blanc fait de Clairette, Ugni Blanc, Marsanne et Sauvignon additionné d'un peu de Doucillon (Grenache Blanc) et de Pascal Blanc. Sec, mais sans acidité, il doit posséder une robe jaune pâle et une bouche légèrement salée. Parfait avec la bouillabaisse et tous les poissons de la Méditerranée, il faut le boire jeune. Une teneur alcoolique minimum de 11° et un rendement maximum de 40 hl/ha lui assurent suffisamment de corps. Le rouge et le rosé, issus des Grenache, Cinsault, Mourvèdre et Carignan comptent pour la moitié de la production de 700000 bouteilles. Le rosé est léger et frais, le rouge souvent un peu mou. Les prix sont élevés pour la Provence. Prix D-E.

Côtes de Provence AOC

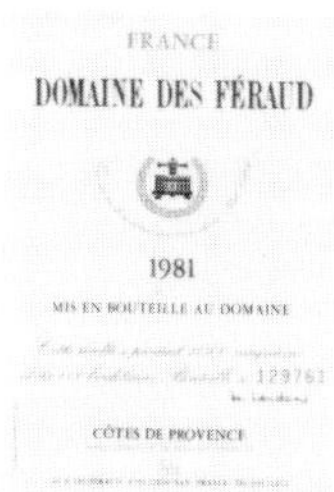

Vins rouge, rosé et blanc sec provenant de 18 000 hectares de vignobles, principalement dans le Var. Les Côtes de Provence, auparavant VDQS, sont devenus AOC en 1977, en raison de l'amélioration, réelle et virtuelle, de leur qualité. Le vin le plus populaire est toujours le rosé, mais ce sont surtout le rouge et le blanc qui sont en progrès. Le blanc (10 % de la production) est fait de Clairette, Ugni Blanc et Sémillon et du cépage local Vermentino, additionnés d'un peu de Sauvignon pour renforcer l'acidité. Si la vigne est vendangée avant d'être trop mûre, le vin a une robe pâle, un bouquet floral et une fin de bouche souple et fruitée. A boire jeune, car il perd de sa fraîcheur en vieillissant. Le rouge doit contenir au moins 70 % de Grenache, Cinsault, Mourvèdre et Carignan, ce dernier cépage devant être réduit progressivement à 40 %. On ajoute à ces cépages traditionnels le Cabernet Sauvignon du Bordelais et le Syrah de la vallée du Rhône qui donnent de la profondeur et enrichissent le bouquet. Un Côtes de Provence rouge « à l'ancienne », probablement vendu dans une bouteille provençale fantaisie, sera chaleureux, avec beaucoup de corps et du fruit. Un nombre croissant de vignerons élaborent des vins « modernes », comprenant une certaine proportion de cépages non provençaux, probablement vendus en bouteilles bordelaises sous un nom de domaine ou de château. Ce sont les meilleurs de l'appellation. La teneur alcoolique minimum de 11° est facilement atteinte étant donné l'ensoleillement, mais le rendement maximum de 50 hl/ha est rarement dépassé, surtout par les viticulteurs soucieux de qualité. Le rosé, qui représente toujours le gros de la production, devient graduellement plus léger et plus fruité. A boire frais.

Il y a des vignobles presque partout en Provence, mais on distingues trois zones principales de production : la bande côtière de Sainte-Maxime jusque bien au-delà de Toulon ; les plaines centrales au sud de l'autoroute de Vidauban à Brignoles ; les vignobles plantés au nord de l'autoroute, sur les pentes autour des Arcs et de Draguignan. Plus les vignobles sont septentrionaux, moins les vins qui en proviennent ont de corps. Les vins des Côtes de Provence se marient parfaitement avec la cuisine provençale : salade niçoise, poisson ou viande grillée aux herbes, tous mets épicés. Le blanc et le rosé seront bus frais et le rouge, par temps chaud, sera meilleur frappé. A quelques exceptions près tous ces vins, même les rouges, seront bus jeunes. Production : 90 millions de cols. Prix C.

Palette AOC

Vins rouge, rosé et blanc sec d'une minuscule appellation au sud d'Aix-en-Provence. Le Palette diffère de ses voisins des Côtes du Rhône et de Provence en ce sens que même le rosé et le blanc doivent vieillir pour donner le meilleur d'eux mêmes ce qui est dû à la nature du terrain, le calcaire de Langesse. Le rosé de Palette ressemble davantage à un rouge pâle qu'à un rosé ; le rouge, plutôt boisé, a beaucoup de corps ; le blanc, issu principalement de la Clairette, est nerveux et possède certains des caractères d'un Graves. Le Château Simone produit la quasi totalité du Palette (bien moins de 100 000 cols) principalement consommée dans les meilleurs restaurants du voisinage. Vin vinifié dans des galeries souterraines creusées par des moines, cher mais rare. Prix E.

Coteaux d'Aix-en-Provence VDQS

Vins rouge, rosé et blanc sec produits au sud et à l'est d'Aix. Le rouge et le rosé sont issus des cépages classiques du Midi – Grenache, Cinsault, Mourvèdre, Counoise, Carignan – auxquels peut s'ajouter maintenant, à concurrence de 60 %, le Cabernet Sauvignon, qui donne au rouge une robe intense et un bouquet cassis-cèdre inhabituel en Provence. Le pionnier de cette formule est l'étonnant Château Vignelaure, de caractère bordelais, qui se bonifie en vieillissant. Les autres rouges, séduisants et fruités, d'un style à mi-chemin entre les Côtes du Rhône et de Provence, seront bus relativement jeunes. Le rosé est aimable et léger, surtout le *rosé d'une nuit* auquel une cuvaison courte ne donne qu'une couleur très pâle. Bien qu'ayant le même degré minimum et le même rendement maximum (11°, 50 hl/ha) que le Côtes de Provence, le Coteaux d'Aix paraît plus léger. Le blanc est fait de Grenache Blanc, Sémillon, Ugni Blanc et d'une proportion croissante de Sauvignon. Jaune pâle, bon fruit, juste une pointe de soleil, mais peu d'acidité, il doit être bu jeune. Le Coteaux d'Aix mériterait une AOC et n'atteint pas le prix qui pourrait être le sien. Production : environ 14 millions de cols dont 5 % de blanc. Prix B-C et D pour le Château Vignelaure.

Coteaux de Pierrevert VDQS

Vins rouge, rosé et blanc sec du département des Alpes-de-Haute-Provence, au nord-est des Côtes du Lubéron, près de Manosque. Un des plus hauts vignobles de France produisant surtout du rosé pâle, frais et nerveux issu des cépages provençaux classiques : Grenache, Cinsault et Carignan. Le blanc (Clairette, Roussanne, Marsanne) ressemble davantage à un Côtes du Rhône blanc qu'à un blanc de Provence. Il possède une bonne acidité. Vin local et bon marché. Prix B.

Coteaux des Beaux-en-Provence VDQS

Vins rouge, rosé et blanc sec de la région de Saint-Rémy-de Provence, Fontvielle et des Beaux-de-Provence. Similaire au Coteaux d'Aix, il est moins connu, sa production étant beaucoup moins importante, et pour le blanc insignifiante. Le rouge mérite qu'on s'y intéresse. Prix C-D.

Vins de Pays

Il en est des Vins de Pays des Bouches-du-Rhône et du Var comme des autres : ce sont généralement des vins issus des mêmes cépages que leurs voisins VDQS ou AOC, mais dans de différentes proportions et possédant une richesse alcoolique inférieure, ou des vins provenant de vignobles plantés en dehors de l'aire d'appellation VDQS et AOC. Ce sont aussi des vins résultant des récentes expériences d'introduction de cépages nobles inhabituels dans la région et qui doivent être vendus comme Vins de Pays. Il existe dans la région quatre Vins de Pays Départementaux et six Vins de Pays de Zone. Prix généralement A.

Vin de Pays des Alpes-de-Haute-Provence

Vins rouge, rosé et très peu de blanc sec de la même région que le VDQS Coteaux de Pierrevert. Rouge et rosé principalement issus du Grenache, Cinsault et Carignan. 600 000 cols de vins fruités et assez légers.

Vin de Pays des Alpes-Maritimes

Vins rouge, rosé et blanc sec issus de vignobles plantés à l'ouest du département. Similaire au Vin de Pays du Var, mais plus léger. Très petite production.

Vin de Pays des Bouches-du-Rhône

Vins rouge, rosé et blanc sec provenant surtout du sud du département. Grosse production (plus de 15 millions de bouteilles en 1982) avec une forte proportion de rosé. Principaux cépages : Grenache, Cinsault et Carignan. Les meilleurs ressemblent au Côtes de Provence et au Coteaux d'Aix. Le blanc a peu d'acidité.

Vin de Pays du Var

Vins rouge, rosé et blanc sec des vignobles situés au nord du département. Grosse production de vins courants, moins intéressants que les Coteaux Varois. Le rouge est meilleur que le rosé. Le blanc est plutôt mou.

Argens

Vins rouge, rosé et blanc sec de vignobles autour de La Motte et Draguignan, à l'ouest du Var. Très similaires au Coteaux Varois, peut-être un peu plus légers en raison de la plus haute altitude des vignobles.

Coteaux Varois

Vins rouge, rosé et blanc sec de l'ensemble du département du Var. Ils occupent la deuxième place dans la production de Vins de Pays du Midi (après les Coteaux de Peyriac) avec près de 30 millions de bouteilles. Les cépages sont dans l'ensemble les mêmes que ceux des Côtes de Provence : Grenache, Cinsault, Mourvèdre et une forte proportion de Carignan pour le rouge et le rosé ; Ugni Blanc, Clairette, Grenache Blanc pour le blanc. On peut aussi faire appel, pour le rouge, à une certaine quantité d'Alicante et d'Aramon, cépages non autorisés pour l'AOC Provence. Outre ce rouge classique, très coloré et plutôt lourd, on produit avec le Cabernet Sauvignon et le Syrah des vins plus parfumés, avec davantage de personnalité et d'un style moins provençal. Les blancs, qui ont peu d'acidité, doivent être bus très jeunes. Les vignerons ont davantage amélioré leur production que les Caves Coopératives. Il est probable que les Coteaux Varois deviendront prochainement des VDQS.

Maures

Vins rouge, rosé et blanc sec d'une vaste région comprenant Saint-Raphaël, Les Arcs, Saint-Tropez et Hyères. Production : 10 millions de cols, surtout du rosé. Mêmes cépages que pour l'AOC Provence avec une plus forte proportion de Carignan. Le rosé, fruité, est à boire frais. Le rouge, un vin sans prétention, doit être bu jeune.

Mont Caume

Vins rouge et rosé de la côte méditerranéenne du Var, autour de Bandol. Les cépages Grenache, Cinsault, Mourvèdre et Carignan donnent un vin rouge à la robe profonde, ayant beaucoup de corps. Le rosé est excellent.

Petite Crau

Vins rouge, rosé et blanc sec de la région de Saint-Rémy-de-Provence dans le nord des Bouches-du-Rhône. Le rouge et le rosé sont issus des cépages Grenache, Cinsault, Syrah, Mourvèdre et Carignan additionnés de Cabernet Sauvignon. La Clairette, l'Ugni Blanc et le Sauvignon sont cultivés pour le blanc. Le rouge ressemble au Coteaux des Beaux-en-Provence avec un peu moins de corps. Le rosé est franc, fruité et rafraîchissant. La production de blanc est très peu importante.

Sables du Golfe du Lion

Vins rouge, gris, rosé et blanc sec de vignobles plantés sur les dunes de sable du golfe du Lion, s'étendant sur le territoire des départements des Bouches-du-Rhône, du Gard et de l'Hérault. On procède, dans cette grande région, à de nombreuses expériences faisant appel à de nouveaux cépages et à des méthodes de vinification ultramodernes. Les Salins du Midi, plus connus sous le nom de leur marque commerciale Listel, et la Sicarex, appuyée par l'administration, sont le fer de lance de ces tentatives d'amélioration des vins de la région. Cépages pour le rouge, le gris et le rosé : Cabernet Sauvignon, Cabernet Franc, Cinsault, Grenache, Carignan, Syrah et Merlot. Les rouges ont une belle couleur et leur teneur alcoolique, généralement voisine de 10°5, est agréablement modeste. Les vins d'un seul cépage, notamment le Cabernet Sauvignon, sont très réussis. Les rosés sont pâles et délicieux. Les gris sont peu colorés ; on élabore même un peu de gris de gris, exclusivement avec du Grenache Gris et du Carignan Gris. Les blancs sont probablement les meilleurs Vins de Pays du Midi et font appel principalement à l'Ugni Blanc, à la Clairette, au Sauvignon, au Carignan Blanc et au Muscat, les cépages de la vallée du Rhône étant admis à concurrence de 30 %. Ces vins, très bien élaborés, conservent le fruit et la légère acidité du raisin et ne donnent pas l'impression de surmûrissement typique des vins du Midi. Le blanc et le gris peuvent porter la mention *sur lie* (réservée presque exclusivement au Muscadet) s'ils sont embouteillés sur leurs lies de première fermentation après un hiver en cuve. A l'exception des rouges, vins à boire très jeunes.

Département du Gard

Le Gard offre des vins ayant autant en commun avec les Côtes du Rhône qu'avec ceux du Midi, tout en étant plus légers que les uns et les autres. L'appellation Costières du Gard est particulièrement bonne.

Clairette de Bellegarde AOC

Vin blanc sec de la commune de Bellegarde entre Nîmes et Arles, issu de la seule Clairette. Teneur alcoolique minimum : 11°5 ; rendement maximum : 60 hl/ha. On n'utilise la Clairette que dans les Côtes du Rhône et le sud de la France où elle donne un vin possédant une robe dorée, pâle, un joli bouquet floral de chèvrefeuille et de violettes avec un fruité souple et pas d'acidité. A boire très jeune, frais mais non glacé. La Clairette de Bellegarde a un style opposé à celui des blancs de la Loire issus du Chenin Blanc, nerveux et citronnés. Petite production d'environ 240000 bouteilles. Prix B.

Costières du Gard VDQS

Vins rouge, rosé et blanc sec d'une vaste région (près de 4000 hectares) s'étendant de Nîmes presque jusqu'à Montpellier. Le vignoble ressemble à celui des Côtes du Rhône méridionales : terrain plat, aride, sableux, recouvert de cailloux. Le rouge est fait de Carignan (maximum 50 %, bien moins dans les meilleurs domaines), Cinsault, Mourvèdre, Grenache, Syrah (du nord du Rhône), et de cépages secondaires (Counoise et Terret Noir). Séduisante robe rouge profond et goût fruité épicé typiquement méditerranéen avec un peu de la rondeur du Côtes du Rhône. A boire entre 1 et 3 ans. Fruit et alcool bien équilibrés dans le rosé. Le blanc (4 % des 20 millions de cols) est issu de la Clairette, du Bourboulenc et de l'Ugni Blanc. Si la vendange est précoce, le blanc est léger et agréable, avec une fin de bouche claire et souple. Une grande partie du Costières du Gard est vendu en vrac par les Coopératives aux négociants qui en assurent l'embouteillage et offrent un très bon rapport qualité/prix, cependant qu'un nombre croissant de domaines mettent en bouteilles directement avec des résultats très satisfaisants. Prix A-B.

Vins de Pays

Vin de Pays du Gard

Vins rouge, rosé et blanc sec provenant de tout le département. Cépage pour le rouge et le rosé : Carignan (généralement jusqu'à 50 %), Cinsault, Grenache, Mourvèdre et Syrah. Les cépages secondaires de Provence, du Rhône et du Languedoc sont autorisés à concurrence de 30 % et les cépages nobles bordelais – Cabernet, Sauvignon et Merlot – sont introduits avec grand succès ; si le vin est issu exclusivement de ceux-ci, l'étiquette le précise. Le blanc est fait de Clairette, Ugni Blanc, Bourboulenc et Grenache Blanc avec des tentatives d'addition de Sauvignon et de Chardonnay. Le rouge a une belle couleur, un fruité franc et une fin de bouche agréablement chaleureuse ; il est bon jusqu'à 3 ans. Le rosé est parmi les meilleurs du Midi, fruité et pas trop lourd. Le blanc s'améliore avec l'adoption de méthodes de vinification modernes. Le Vin de Pays du Gard présente un bon rapport qualité/prix. Prix A.

Coteaux Cévenols

Vins rouge, rosé et blanc sec du nord du département du Gard, autour de Saint-Christol-les-Alès. Ce vin a un peu moins d'alcool et un peu plus d'acidité que celui qui provient de la région côtière et a peut-être davantage en commun avec le Vin de Pays de l'Ardèche.

Coteaux de Cèze

Vins rouge, rosé et blanc sec du nord-est du département du Gard, autour de Bagnols-sur-Cèze jusqu'à la rive droite du Rhône. C'est de cette région que proviennent le Côtes du Rhône-Villages-Chusclan, le Lirac et le Tavel. Le Coteaux de Cèze ressemble davantage à un Côtes du Rhône léger qu'à un Vin de Pays du Gard produit plus au sud.

Coteaux du Pont-du-Gard

Vins rouge, rosé et blanc sec de la région du Pont-du-Gard, à l'ouest d'Avignon et au nord-ouest de Nîmes. Assez importante production (environ 6 millions de bouteilles) d'un vin dont le style se situe à mi-chemin des Côtes du Rhône légers et des Costières du Gard. Le rosé des Coteaux du Pont-du-Gard est particulièrement apprécié.

Coteaux du Vidourle

Vins rouge, rosé et blanc sec d'une petite région à l'ouest de Nîmes en direction de Montpellier. Style méridional typique, très proche du Costières du Gard.

Coteaux Flaviens

Vins rouge, rosé et blanc sec des vignobles situés au sud de Nîmes, le long du canal Rhône-Sète. La production est essentiellement de vin rouge, franc et fruité.

Côtes du Salavès

Vins rouge, rosé et blanc sec de vignobles à l'est de Nîmes. Le rouge et le rosé constituent l'essentiel de la production. Leur style s'apparente à celui du Vin de Pays du Gard. Rendement bas pour la région, limité à 70 hl/ha.

Mont Bouquet

Vins rouge, rosé et blanc sec du Gard septentrional, immédiatement au sud du Coteaux Cévenols. Leur style les placent entre le Côtes du Rhône léger et le Vin de Pays de l'Ardèche.

Sables du Golfe du Lion

Voir page 77.

Serre de Coiran

Vins rouge, rosé et blanc sec de vignobles situés au sud et à l'est de Nîmes. Même région que le Costières du Gard auquel ils s'apparentent étroitement.

Uzège

Vins rouge, rosé et blanc sec de la région d'Uzès, droit au nord de Nîmes. Ils ont beaucoup en commun avec le Costières du Gard, mais sont plus légers.

Vaunage

Vins rouge, rosé et blanc sec d'une petite région au nord-ouest de Nîmes. Les Vins de Pays de la Vaunage rosés sont les meilleurs vins de cette région.

Vistrenque

Vins rouge, rosé et blanc de vignobles plantés dans une petite région à l'extrémité sud-est du Gard, à la limite des Bouches-du-Rhône. Ce vin léger se laisse boire facilement. La production est la plus petite de tous les Vins de Pays produits dans le département du Gard.

Département de l'Hérault

L'Hérault, qui possède une des plus fortes densités de vignobles de France, produit une grande partie du vin de table du pays. L'amélioration des techniques de vinification et une sélection judicieuse des cépages entraînent un progrès de la qualité de ses vins.

Clairette du Languedoc AOC

Vin blanc sec et moelleux issu exclusivement de la Clairette, produit dans 11 communes autour d'Aspiran et Cabrières. Ce cépage donne dans le Languedoc un vin plus alcoolisé qu'à Bellegarde et à Die. Il a une couleur plus riche, presque dorée, un bouquet puissant, mais une fin de bouche sèche. Une grande partie de ce vin sert à l'élaboration de vermouths de haute qualité. Si la vendange est tardive et que le vin atteint 14°, on le laisse vieillir trois ans ; capiteux, avec un goût madérisé proche d'un Vin Doux Naturel, il est vendu sous le nom de Clairette du Languedoc Rancio. La Clairette du Languedoc se boit seule ou avec des amuse-gueule. Prix B-C.

Faugères AOC

Vins rouge et blanc sec au nord de Béziers. La production de blanc (Clairette) est insignifiante. Le rouge est issu du Carignan (maximum 50 %) et des cépages suivants : Cinsault, Grenache, Mourvèdre, Syrah et Lledoner Pelut. Le Faugères doit titrer au minimum 11°5 ; le rendement est limité à 50 hl/ha. C'est un vin robuste et charnu, bon exemple des vins du Languedoc, très apprécié dans la région. La production atteint 6 millions de cols. Prix A-B.

Saint-Chinian AOC

Vin rouge uniquement, provenant des vignobles situés sur les pentes rocheuses dans la région de Béziers. C'est la plus grande appellation du Languedoc avec 14 millions de bouteilles. Ce vin s'est beaucoup amélioré par l'introduction, en sus du Carignan (limité à 50 %), du Grenache et du Cinsault ; le terrain calcaire lui donne une certaine finesse. Il n'est pas trop lourd, titrant rarement plus d'un degré au-dessus du minimum de 11°. Il faut le boire de 1 à 3 ans après le millésime. Prix A-B.

Cabrières VDQS

Vin rosé des vignobles plantés sur les pentes schisteuses près de Béziers. Il doit être fait d'un maximum de 50 % de Carignan et d'un minimum de 45 % de Cinsault, le complément étant du Grenache. Titrant au minimum 11°, son rendement est limité à 50 hl/ha, rarement atteint dans ces vignobles en terrasses. Le Cabrières rosé est fin et nerveux, avec un arôme floral subtil et une bouche fruitée. C'est sans aucun doute le meilleur rosé du Languedoc. 750000 cols. Prix A-B.

Coteaux de la Méjanelle VDQS

Vins rouge et blanc de vignobles à l'est de Montpellier. Les Carignan, Cinsault et Grenache donnent un vin à la robe foncée, riche et tannique, un des rares du Languedoc qui s'améliore en vieillissant. Prix A-B.

Coteaux de Saint-Christol VDQS

Vin rouge de vignobles plantés dans le terrain argilo-calcaire de la région de Saint-Christol, près de Montpellier. Les cépages du Languedoc donnent un vin léger et fruité à boire jeune. La production de 800000 bouteilles provient principalement de la Cave Coopérative. Prix A.

Coteaux de Vérargues VDQS

Vins rouge et rosé des collines autour de Lunel, au nord-est de Montpellier. Le Carignan, autorisé à concurrence de 50 %, est graduellement remplacé par le Grenache et le Cinsault, tandis que le cépage ordinaire Aramon est encore autorisé (maximum 15 %). Ce vin (minimum 11°, maximum 50 hl/ha, souvent dépassés) est typique des Coteaux du Languedoc, rond, fruité, ensoleillé, sans complication et facile à boire. Il possède toutes les qualités, et parfois les défauts, des vins du Midi. La production atteint près de 2 millions de bouteilles. Prix A.

Coteaux du Languedoc VDQS *(AOC en 1985)*

Vins rouge et rosé des vastes vignobles de tout l'Hérault jusqu'aux limites du Gard et de l'Aude. Ils doivent être issus d'au moins 80 % de cépages méditerranéens autorisés, Carignan (maximum 50 %), Cinsault, Grenache, Counoise, Mourvèdre, Syrah, Terret Noir, et titrer au minimum 11°. Les vins rouges ont une belle robe profonde et possèdent suffisamment de corps sans être lourds ; ils sont d'une qualité légèrement inférieure à celle des Costières du Gard. Les rosés, qui s'habillent d'une jolie robe, ont un fruité franc. Les blancs n'ont pas droit à l'appellation. Onze communes des coteaux du Languedoc, sont aujourd'hui autorisées à faire figurer leur nom sur l'étiquette de leur vin. (voir ci-après). Les progrès constants enregistrés dans les techniques de vinification contribuent à restaurer la réputation de l'ensemble des vins de cette région qui de surcroît demeurent très bon marché. Prix A-B.

La Clape VDQS

Vins rouge, rosé et blanc sec, à la limite de l'appellation Corbières, entre Narbonne et la côte méditerranéenne du département de l'Aude. La vinification du Carignan seul pour le rouge et le rosé est autorisée, mais on utilise habituellement 2 tiers de Carignan et 1 tiers de Cinsault, Grenache et Terret Noir. Bien charpenté avec une robe profonde, le rouge vieillit bien, surtout s'il est fait à l'ancienne. Le terrain calcaire, rare dans le Midi, donne au rosé une légèreté et un fruit inattendu. Il y a deux styles de blanc (Clairette, Picpoul, Bourboulenc) : léger, floral, souple, s'il est à base de Clairette, et plus riche et doré, s'il est à base de Bourboulenc (cépage appelé localement Malvoisie). Vins très intéressants possédant finesse et personnalité. Teneur : 11° ; rendement : 50 hl/ha. Très appréciés dans la région, ils commencent à se faire connaître ailleurs. Plus de 3 millions de cols. Prix B-C.

Montpeyroux VDQS

Vins rouge et rosé des collines au nord de Béziers. Les Carignan (50 %), Grenache, Cinsault, Syrah et Mourvèdre, donnent un vin étonnamment bon, bien charpenté, avec une robe profonde et une finesse inattendue. Le rosé, au fruité typique, se boira frais. Prix A-B.

Picpoul de Pinet VDQS

Vin blanc sec de vignobles côtiers entre Sète et Béziers. Les cépages sont le Picpoul (minimum 70 %), la Clairette et le Terret Blanc. Teneur : 11°5, rendement limité à 50 hl/ha. Parfumé et fruité, sec mais sans acidité, le Picpoul de Pinet est parfait sur place avec des huîtres de Bouzigues. La production d'environ un million de bouteilles est absorbée par la forte demande locale, ce qui est heureux car ce vin perd beaucoup de ses qualités en voyageant. Prix B.

Pic-Saint-Loup VDQS

Vins rouge, rosé et blanc sec de vignobles au nord-est de Montpellier. La production de blanc (Clairette) n'est que de 3000 bouteilles environ. Le rouge et le rosé, tout en ayant le même style, sont plus légers que la plupart des Coteaux du Languedoc, avec une fraîcheur séduisante si on les boit jeunes. La production est d'environ 3 millions de bouteilles. Bon vin courant. Prix A.

Quatourze VDQS

Vins rouge, rosé et blanc sec de la région de Narbonne, dans l'Aude. Le rouge (quasi-totalité de la production), issu des cépages méditerranéens autorisés, Carignan, Cinsault, Grenache, Mourvèdre et Terret Noir, provient de vignobles plantés sur un plateau rocheux, ce qui donne un vin puissant, riche, à la robe très foncée, titrant bien davantage que le minimum de 11°, dont la plus grande partie sert de *vin médecin* pour remonter des cuvées trop légères d'autres vins. Vieillissant bien, le Quatourze est un vin ample, à l'ancienne, convenant bien à la viande rôtie et au gibier. Prix A-B.

Saint-Drézery VDQS

Vin rouge de la commune de Saint-Drézery, près de Montpellier. Typique du Midi, très coloré et fruité, contenant beaucoup de Carignan, il est un petit peu meilleur que le vin de table ordinaire. Titre au minimum 11° comme tous les Côteaux du Languedoc. Rendement de 50 hl/ha. Petite production, très bon marché. Prix A.

Saint-Georges d'Orques VDQS

Vin rouge uniquement, de vignobles s'étendant à l'ouest de Montpellier. Cépages : Carignan (maximum 50 %), Cinsault (minimum 35 %) et Grenache (10 à 40 %) donnant à ce vin une couleur profonde et beaucoup de corps, alors que la forte proportion de Cinsault explique sa finesse. Ce vin peut s'améliorer en vieillissant. Production : environ 1300000 bouteilles. Prix A-B.

Saint-Saturnin VDQS

Vins rouge et rosé des cépages habituels du Languedoc : Carignan (généralement 50 %), Grenache, Cinsault, Mourvèdre, Syrah. Teneur alcoolique minimum : 11° ; rendement maximum : 50 hl/ha. Le Saint-Saturnin possède une jolie robe rubis, il est solide et généreux, ce qui en fait un bon vin courant du Midi. Production : 2 millions de cols, principalement des Caves Coopératives. Prix A-B.

Vins de Pays

Vin de Pays de l'Hérault

Vins rouge, gris, rosé et blanc sec de tout le département de l'Hérault. Production 1982 : plus de 200 millions de bouteilles de Vin de Pays, excédant même celle de l'Aude. La gamme des cépages autorisés est étendue. Le plus planté pour le rouge et le rosé est le Carignan qui donne au vin une jolie robe rubis et du corps. Utilisé seul, il donne un vin rude, ordinaire. Son encépagement est limité à 50 % pour les AOC et VDQS, mais la proportion est plus élevée dans les Vins de Pays, comme le rendement maximum qui passe de 50 à 80 hl/ha. En revanche, le Carignan seul, vinifié par macération carbonique, donne des résultats remarquables. Si ce cépage est uniquement utilisé, l'étiquette le précisera. Les autres cépages principaux du rouge et du rosé sont le Grenache pour le corps et la couleur, le Cinsault pour la finesse, notamment dans le rosé, ainsi qu'un peu de Mourvèdre et de Syrah qui ont une couleur profonde, mais dont le rendement est plus faible. Les cépages nobles bordelais sont de plus en plus plantés, quoique leur proportion dans la production totale soit encore insignifiante. Ils servent à modifier le caractère méridional des mélanges de cépages locaux et sont intéressants utilisés seuls. Des cépages mineurs, comme l'Aramon, l'Alicante, le Terret Noir et le Counoise sont encore présents. La petite proportion de blanc, à base d'Ugni Blanc et de Clairette, fait aussi appel aux Picpoul, Marsanne, Maccabéo, Bourboulenc, Grenache Blanc et Muscat. Le Sauvignon a été introduit. Ce cépage se plaît dans un climat chaud où il conserve son acidité naturelle. On commence à produire dans l'Hérault d'excellents vins blancs grâce aux procédés modernes de vinification.
On dénombre 28 Vins de Pays de Zone dans le département. Le style du vin, franc, avec beaucoup de couleur et un bon fruit, est généralement celui du Vin des Coteaux du Languedoc, un vin de consommation courante. Cependant les producteurs, en majorité des Caves Coopératives, ayant compris que la qualité paie, adoptent de nouveaux cépages et des procédés de vinification modernes, effaçant progressivement l'image du gros rouge au profit d'un vin qui mérite d'être bu. La palette des vins de l'Hérault est si étendue et changeante qu'il serait vain de vouloir détailler chacun des Vins de Pays de Zone. On en trouvera la liste alphabétique ci-dessous avec des renseignements sommaires pour chacun.
Prix A.

Ardaillon

Vins rouge et rosé, classé Vin de Pays depuis 1982.

Bénovie

Vins rouge et rosé de la région d'appellation Coteaux du Languedoc, provenant de vignobles plantés autour de Saint-Christol et de Saint-Drézery.

Bérange

Petite production de vins rouge, rosé et blanc. Région de Lunel plus connue pour son VDN Muscat de Lunel.

Bessans

Vins rouge, rosé et blanc sec de la commune de Bessans, au centre du département, non loin de la côte.

Cassan

Petite production de vins rouge et rosé.

Caux

Vins rouge, blanc sec et rosé de la région de Béziers, au sud-est de l'appellation VDQS Cabrières. Grosse production de vins généralement bons, le rosé étant le plus connu.

Cessenon

Vins rouge et rosé de la commune de Cessenon, entre les appellations Faugères et Saint-Chinian. Grosse production, principalement de vin rouge.

Collines de la Moure

Vins rouge, rosé et blanc sec provenant de vignobles plantés de Montpellier à Frontignan, dans les collines proches de la côte. Très grosse production de vins de consommation courante. Production : plus de 10 millions de bouteilles.

Coteaux d'Enserune

Vins rouge, rosé et blanc sec de la région de Béziers. Grosse production de vins courants, surtout de rouge.

Coteaux de Fontcaude

Vins rouge, rosé et blanc sec de vignobles droit au nord de Béziers. Un rendement inférieur à celui des autres vignobles (70 hl/ha) aide à donner à ces vins plus de personnalité qu'à d'autre Vins de Pays de Zone de l'Hérault.

Coteaux de Laurens

Vins rouge, rosé et blanc sec de vignobles au sud de l'AOC Faugères adjacente. Environ 2,5 millions de cols d'un vin au-dessus de la moyenne des Vins de Pays de l'Hérault. Certains obtenus par macération carbonique.

Coteaux de Libron

Vins rouge, rosé et blanc sec de vignobles plantés le long de la Libron, au nord de Béziers. Grosse production d'un vin rouge assez charnu de consommation courante.

Coteaux de Murviel

Vins rouge et rosé de vignobles plantés dans une région au nord de Béziers, sur la rive gauche de l'Orb. Assez importante production de vins courants.

Coteaux de Peyriac

Vins rouge et rosé de la région du Minervois, principalement dans l'Aude. Enorme production de rouge de bonne qualité, cadet en plus léger du VDQS Minervois.

Coteaux du Salagou

Vins rouge et rosé de la région de Saint-Saturnin, dans le nord du département. Le rouge, qui possède beaucoup de corps et une belle robe profonde, mérite d'être goûté.

Côtes de Brian

Vins rouge et rosé provenant de vignobles plantés dans le nord-est du département, y compris à Saint-Jean-de-Minervois. Grosse production, principalement de rouge.

Côtes de Céressou

Vins rouge, rosé et blanc sec de la région de Cabrières. Petite production de bons rosés et de rouges charnus.

Côtes de Thau

Vins rouge, rosé et blanc sec du sud du département, sur la côte, près des vignobles de Picpoul de Pinet. Très grosse production de vins courants ayant du corps.

Côtes de Thongue

Vins rouge, rosé et blanc sec du centre du département. Très grosse production et intéressante introduction des cépages Merlot et Cabernet Sauvignon. Un des meilleurs Vins de Pays de Zone de l'Hérault.

Gorges de l'Hérault

Vins rouge, rosé et blanc sec de vignobles bien situés à l'ouest de la ville de Montpellier.

Haute Vallée de l'Orb

Petite production de vins rouge et rosé de vignobles de la vallée de l'Orb, au nord de Béziers.

Littoral Orb-Hérault

Vins rouge, rosé et blanc sec de vignobles plantés dans l'ouest du département. Très petite production des trois vins. L'agréable Littoral Orb-Hérault blanc est en grande partie issu du cépage local Terret Gris.

Mont Baudile

Vins rouge, rosé et blanc sec provenant de vignobles plantés dans la même région que ceux du VDQS Côteaux du Languedoc-Saint-Saturnin. Assez grosse production de vins bien charpentés, surtout rouge et rosé.

Monts de la Grage

Vins rouge, rosé et blanc sec de la région de Saint-Chinian. Très petite production, l'appellation Saint-Chinian étant préférée, quand elle est possible.

Pézenas

Vins rouge, rosé et blanc sec de vignobles de la commune de Pézenas, dans le centre du département, entre Montpellier et Béziers. Vin assez bon, surtout le blanc quand il est issu de la Clairette.

Sables du Golfe du Lion

Voir page 77

Val de Montferrand

Vins rouge, rosé et blanc sec provenant de vignobles plantés dans le coin oriental du département, au nord de Montpellier, près de Pic-Saint-Loup et Saint-Drézery. Grosse production, surtout de rouge, ayant beaucoup de corps, dans le style des Coteaux du Languedoc.

Vicomté d'Aumelas

Vins rouge, rosé et blanc sec provenant de vignobles bien situés à l'ouest du VDQS Cabrières. Assez grosse production de bons vins, avec une forte proportion de rosé.

Département de l'Aude

Les vins de l'Aude sont presque exclusivement rouges, corsés et très colorés. Bien que les vins courants représentent toujours le gros de la production, on a procédé à de nombreux essais avec des cépages nouveaux.

Blanquette de Limoux AOC

Vin blanc mousseux de vignobles au sud de Carcassonne. On a donné au cépage Mauzac Blanc le nom de Blanquette à cause de la poussière blanche qui recouvre la face inférieure de ses feuilles. Le Mauzac (minimum 80 %) est complété par la Clairette et le Chardonnay. Le vin tranquille titre au moins 9°5 ; le rendement est limité à 50 hl/ha ; on ne doit pas tirer plus de 100 litres de moût de 150 kilos de raisin. Le mousseux, qui conserve le bouquet caractéristique du Mauzac, a une saveur moelleuse et fruitée et une fin de bouche sèche. Il est élaboré par la méthode rurale ou la méthode champenoise. La Blanquette de Limoux est excellente en apéritif et se marie bien avec le poisson et la volaille. Le gros de la production de 6 millions de cols vient de la Cave Coopérative. Prix D.

Fitou AOC

Vin rouge uniquement, de vignobles côtiers, à la limite des Pyrénées-Orientales. A une époque où de nombreux viticulteurs remplacent le traditionnel Carignan par le Cinsault et le Grenache plus souples, le Fitou en comprend un minimum de 70 %, le complément étant composé de ceux-ci, de Mourvèdre et de Syrah. Le Fitou, qui a une robe profonde rubis foncé, une bouche râpeuse et tannique, un bouquet puissant et concentré, passe 18 mois en fût avant embouteillage. C'est un des rares vins du Midi qui se bonifie en vieillissant : il s'épanouit 4 à 6 ans après le millésime et se marie admirablement avec les daubes et le gibier. Production d'environ 8 millions de cols et prix relativement élevé, mais le meilleur Fitou le justifie. Prix C-D.

Cabardès VDQS

Vins rouge et rosé (connus aussi sous l'appellation Côtes du Cabardès et de l'Orbiel) de vignobles plantés sur les pentes méridionales de la Montagne Noire, au nord de Carcassonne. Principaux cépages : Carignan (maximum 30 %), Cinsault, Mourvèdre, Grenache et Syrah. Des cépages du sud-ouest sont aussi autorisés : Cabernet Sauvignon, Cot, Fer et Merlot. Comme pour les vins du Languedoc et le Corbières, la teneur alcoolique minimum est de 11° et le rendement maximum 50 hl/ha. Le rosé, aimable et fruité, est un vin courant ; le rouge, ferme et vif, est un peu plus intéressant. A boire jeune, sur place. Production : un peu plus d'un million de cols. Prix A-B.

Corbières VDQS

Vins rouge, rosé et blanc sec de vastes vignobles au sud-est de Carcassonne. Le rouge et le rosé doivent être issus de 90 % de Carignan, Cinsault, Grenache, Mourvèdre, Terret Noir, Picpoul (un raisin blanc) et Syrah. Teneur alcoolique minimum : 11° ; rendement maximum : 50 hl/ha, souvent dépassé, mais pas pour les meilleurs vins. On fait très peu de rosés car les rouges, solides, avec une couleur riche et profonde, un arôme fruité concentré, une saveur ample et charnue, leurs sont supérieurs. Les meilleurs Corbières peuvent rivaliser avec n'importe quel vin de la région méditerranéenne, à l'exception du Bandol et du Palette, et avec de nombreux vins du Sud-Est. Les pires, épais et ordinaires, ne justifient pas leur appellation. Pour une production aussi considérable, (environ 75 millions de bouteilles) la proportion de bon vin est élevée. Ils peuvent être bus jeunes, dans l'année suivant le millésime, alors que les meilleurs se bonifient durant plusieurs années. Le Corbières rouge se marie avec toutes les viandes, les préparations épicées, les différents fromages. Le blanc (moins de 1 %), issu principalement de Clairette et de Malvoisie, est un vin courant, léger et fruité. Les prix varient beaucoup et certains Corbières sont une affaire exceptionnelle. Prix A-B-C.

Corbières Supérieures VDQS

Vin blanc sec de la même région que le Corbières, mais titrant 12° avec un rendement maximum de 40 hl/ha. Pour éviter toute confusion, l'appellation est réservée au blanc. La plupart des Corbières blancs sont d'ailleurs classés Corbières Supérieures. Prix A-B-C.

Côtes de la Malepère VDQS

Vins rouge et rosé de la région de Carcassonne, ayant accédé à l'appellation VDQS en 1982, justifiée par leur qualité. Le rouge doit être à base de Merlot, de Cot et de Cinsault (aucun ne comptant pour plus de 60 %), le complément venant du Cabernet Sauvignon, du Carbernet

Franc, du Grenache, du Syrah et du Lladoner Pelut (limités à 30 %) ; il possède une belle couleur et une certaine élégance. Le rosé est issu principalement du Cinsault et du Grenache, cépages traditionnels du Tavel (autres cépages autorisés jusqu'à 30 %). Ils sont coulants, fruités, avec un certain corps. Prix A-B.

Minervois VDQS

Vin rouge et très peu de rosé d'un immense vignoble à cheval sur l'Hérault et l'Aude, au nord-ouest de Narbonne. Issu principalement du Carignan, du Grenache et du Cinsault, il titre au minimum 11°. Rendement limité à 50 hl/ha. La région est entourée de montagnes et le climat chaud et sec murit les cépages méridionaux qui donnent au vin une robe pourpre, profonde, un bouquet épicé concentré, une fin de bouche ferme et veloutée. La concentration de fruit fait du Minervois un vin agréable à boire jeune, alors que les meilleurs peuvent vieillir aussi bien que les meilleurs Corbières. Il se marie très bien avec la volaille, la viande rouge, le gibier et le fromage. La plus grande partie de la production de 30 millions de bouteilles vient des Caves Coopératives. Les vignerons du Minervois n'épargnent pas leurs efforts pour faire connaître leur vin qui reste bon marché. Prix A-B-C.

Vin Noble du Minervois VDQS

Vin blanc moelleux à ne pas confondre avec le Minervois, issu des cépages suivants : Muscat, Malvoisie, Grenache et Maccabéo. La vendange tardive fait que le minimum légal de 13° est facilement atteint. On ne vinifie actuellement presque plus de Vin Noble. Prix C.

Vins de Pays

Vin de Pays de l'Aude

Vins rouge, rosé et blanc sec de tout le département. On a produit en 1982 dans l'Aude 150 millions de bouteilles de Vin de Pays, dont 60 millions sous l'étiquette d'un des nombreux Vins de Pays de Zone. Le principal cépage pour les rouges et les rosés reste le Carignan, suivi par les Grenache, Cinsault, Mourvèdre, Terret Noir et Alicante, (du sud), complétés par les Cabernet Sauvignon, Cabernet Franc, Merlot et Cot (du sud-ouest). Leur style s'apparente à celui des vins du Midi ou de ceux du Sud-Ouest. Les vins blancs sont principalement issus des Clairette, Ugni Blanc, Bourboulenc, Maccabéo, Carignan Blanc, Grenache Blanc, complétés par les Muscat à Petits Grains, Mauzac, Roussanne, Picpoul, Baroque et les cépages nobles Sauvignon, Sémillon, Chardonnay et Chenin Blanc. Comme leurs voisins de l'Hérault et des Pyrénées-Orientales, les viticulteurs et les vignerons de l'Aude ont enfin entrepris de modifier la composition des vins et de les améliorer. Il faut rendre hommage à la clairvoyance des sociétés parisiennes Nicolas et Chantovent qui, grâce à leurs investissements à long terme et à leurs contrats de longue durée avec les Caves Coopératives, ont réuni les conditions nécessaires à l'amélioration de l'image de marque du vin de table. Un bon exemple est l'élaboration d'excellents vins d'un seul cépage dont le nom figure sur l'étiquette. Les vingt Vins de Pays de Zone sont répertoriés ci-dessous. Prix A.

Coteaux Cathares

Vins rouge et rosé des vignobles situés dans le sud-est du département, au nord des vignobles du Corbières.

Coteaux de la Cabrerisse

Vins rouge et rosé de vignobles de la région du Corbières issus des cépages traditionnels du Midi et du Sud-Ouest et donnant des vins solides et très colorés.

Coteaux de la Cité de Carcassonne

Vins rouge, rosé et blanc sec de vignobles au sud de Carcassonne, jouxtant ceux des Corbières du Nord. Les cépages bordelais, notamment le Merlot, se plaisent ici, où ils donnent des vins à la couleur profonde, souples et fruités.

Coteaux du Lézignanais

Vins rouge et rosé d'un des meilleurs vignobles du département. Petite production de rosé sur un total de 3,5 millions de cols. Le rouge, charnu, est du style Corbières.

Coteaux de Miramont

Vins rouge et rosé du sud-est de Carcassonne, sous le Minervois. Importante production de vins francs et fruités dans le style du Minervois.

Coteaux de Narbonne

Vins rouge et rosé de la région de Narbonne, issus principalement du Carignan. Bons vins courants mais qui ne présentent pas d'intérêt particulier.

Coteaux de Peyriac

Vins rouge et rosé d'une vaste région du Minervois à la limite de l'Hérault. Les rouges ont une belle robe rubis et plus de personnalité que de nombreux autres Vins de Pays. La production approche 35 millions de cols.

Coteaux de Termenès

Vins rouge, rosé et blanc sec de vignobles bien situés, plantés au centre du département. Ressemblant beaucoup au Corbières, ces vins sont vendus sous cette étiquette quand la réglementation le permet.

Coteaux du Littoral Audois

Vins rouge et rosé de la côte occidentale du département, provenant de vignobles de la région du AOC Fitou. Majorité de rouge à la robe profonde, assez charnu. Le rendement est bas pour un Vin de Pays : 70 hl/ha.

Côtes de Lastours

Vins rouge, rosé et blanc sec de la région du Val d'Orbiel et de Cabardès. Petite production de vins bien faits se rapprochant davantage du style sud-ouest que de celui du Midi.

Côtes de Pérignan

Vins rouge, rosé et blanc sec de la région du VDQS La Clape. Rouge et blanc légers et fruités, rosé assez capiteux.

Côtes de Prouille

Vins rouge, rosé et blanc sec de vignobles plantés au centre du département. Petite production.

Cucugnan

Vins rouge et rosé de vignobles à la limite des Pyrénées-Orientales. Vins charnus avec le bouquet ensoleillé du Midi.

Haute Vallée de l'Aude

Vins rouge, rosé et blanc sec de l'ouest du département dans la région de Limoux. Les cépages méridionaux ne sont pas autorisés. Cépages pour le rouge et le rosé : Cabernet Sauvignon, Cabernet Franc, Cot, Merlot et Cinsault (pour le seul rosé). Pour le blanc : Chenin Blanc, Sémillon, Chardonnay et Terret Gris. L'altitude donne des vins très intéressants, différents des vins issus du Carignan et du Grenache, plutôt charnus et lourds.

Hauterive en Pays de l'Aude

Vins rouge, rosé et blanc sec d'un vaste vignoble près de la côte, au sud de Narbonne. Tous les cépages autorisés pour le Vin de Pays de l'Aude peuvent être plantés. Grosse production dont la qualité varie en fonction du choix des cépages et des méthodes de vinification.

Hauts de Badens

Vins rouge et rosé de la commune de Badens. Petite production d'un vin léger de consommation courante.

Val de Cesse

Vins rouge, rosé et blanc sec de vignobles au nord de Narbonne, à la limite de l'Hérault. Grosse production (6 millions de cols) surtout d'un rouge de style excellent. Un des meilleurs Vins de Pays de l'Aude.

Val de Dagne

Vins rouge, rosé et blanc sec de vignobles du centre du département, au sud-est de Carcassonne. Le blanc, principalement à base de Clairette, est franc et fruité. Le rouge est charnu et robuste.

Val d'Orbieu

Vins rouge, rosé et blanc sec de vignobles plantés à l'est du département entourés par ceux des Corbières et des Corbières Supérieures. Ils font parties des meilleurs et des plus typiques Vins de Pays du Midi. Possédant une robe très profonde, pleins de fruit, ensoleillés, ces vins sont bien élaborés et pas trop lourds. On trouve dans cette région quelques-unes des caves privées les plus portées à innover. Assez grosse production, surtout de rouge.

Vallée de Paradis

Vins rouge et rosé de vignobles plantés près de la limite des Pyrénées-Orientales, non loin de la côte. Le nom de ce vin dissimule un genre Corbières plus simple et plus léger.

Département des Pyrénées-Orientales

Département le plus chaud et sec. Ses vins, amples et colorés, reflètent son climat. La meilleure appellation, Côtes du Roussillon, donne des vins comparables à ce qui se fait de mieux sur la côte méditerranéenne.

Collioure AOC

Vin rouge uniquement, de vignobles en terrasses de la région de Banyuls. Principal cépage : Grenache, complété par Mourvèdre, Cinsault, Carignan et Syrah. Titrant 12° au minimum avec un rendement limité à 40 hl/ha, le Collioure, vin riche et capiteux, possède une robe veloutée et profonde et beaucoup de personnalité. Les cuvées les plus légères sont bues jeunes, encore âpres et tanniques. Les vins plus concentrés, issus de vieilles vignes, gagnent à vieillir de 5 à 10 ans. La production, en baisse, est inférieure à 250000 bouteilles. Le Collioure se marie bien avec l'agneau rôti. Prix C.

Côtes du Roussillon AOC

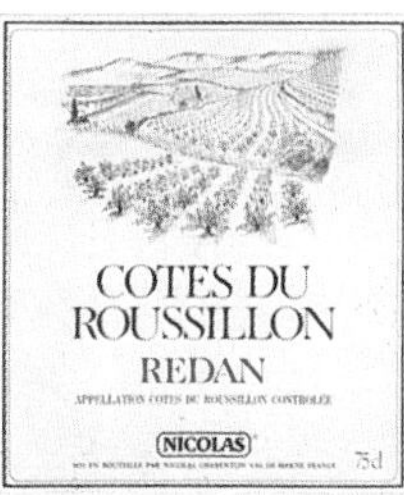

Vins rouge, rosé et blanc sec de vignobles entre Perpignan et les Pyrénées. Cépages pour le rouge et le rosé : Carignan (maximum 70 %), Cinsault, Grenache, Mourvèdre, Lladoner Pelut, Syrah et Maccabéo. Comme les Coteaux du Languedoc, le Corbières et le Minervois, les Côtes du Roussillon se débarrassent lentement de leur réputation de gros rouge qui tache. Les rouges, principalement élaborés par les Caves Coopératives, ont une robe rubis profonde, un bouquet souple et épicé et une fin de bouche ferme et fruitée. Quelques cuvées, vinifiées en macération carbonique, se boivent jeunes ; les autres après un à trois ans. Les rosés possèdent une couleur éclatante et un bon fruit. Teneur alcoolique minimum : 11°5 pour le rouge et le rosé, 10°5 pour le blanc ; rendement maximum : 50 hl/ha. Le blanc, issu du Maccabéo et du Tourbat, est souple et parfumé, avec une robe dorée pâle et très peu d'acidité. Quand la vendange est suffisamment précoce, le Côtes du Roussillon blanc est un vin séduisant et rafraîchissant qu'il convient de boire jeune. La production se monte à environ 25 millions de bouteilles pour le rouge et le rosé, 1 million pour le blanc Très bon rapport qualité/prix. Prix A-B.

Côtes du Roussillon-Villages AOC

Vin rouge uniquement des vignobles les mieux situés du Roussillon, dans la vallée de l'Agly. Teneur alcoolique minimum : 12° ; rendement maximum : 45 hl/ha. Vins plus riches en couleur, plus concentrés, plus épicés et plus veloutés, ils vieillissent superbement. Les meilleurs proviennent des communes de Caramany et Latour-de-France. Ils sont très recherchés et voyagent bien. A peine un peu plus chers que les Côtes du Roussillon, les Villages méritent qu'on s'y intéresse. Prix B-C.

Vins de Pays

Vin de Pays des Pyrénées-Orientales

Vins rouge, rosé et blanc sec de vignobles de tout le département. Production 1982 : 55 millions de cols dont 30 millions de Vin de Pays des Pyrénées-Orientales et 25 millions pour les quatre Vins de Pays de Zone. Les rouges et les rosés comptent une forte proportion de Carignan (souvent plus de 75 %), du Cinsault, du Grenache et un peu de Mourvèdre et de Syrah. Les cépages du Sud-Ouest peuvent aussi être plantés mais, étant donné la forte chaleur, ils sont moins en évidence ici que dans les départements de l'Aude et de l'Hérault. Les rouges, de couleur foncée, sont corsés et parfois assez âpres. Les blancs sont issus du cépage Maccabéo additionné d'Ugni Blanc et de Clairette. Si le raisin est vendangé assez tôt, le blanc peut avoir une bonne acidité et pas trop d'alcool, ce qui le rend agréable et rafraîchissant. La production est largement entre les mains des Caves Coopératives et, bien qu'on fasse moins d'essais avec d'autres cépages dans les Pyrénées-Orientales que dans les autres départements du Midi, on a pu constater au cours des cinq dernières années une amélioration de la qualité des vins. Prix A.

Vin de Pays d'Oc

Vins rouge, rosé et blanc sec de vignobles de tout le sud mais surtout des Pyrénées-Orientales. Cépages de base pour le rouge (plus de 90 % de la production totale de 10 millions de bouteilles environ) : Carignan et Grenache. Vin de table sans prétention et très bon marché.

Catalan

Vins rouge, rosé et blanc sec de vignobles au sud et à l'est de Perpignan, jusqu'aux Pyrénées. Grosse production d'environ 25 millions de bouteilles, en grande majorité du vin de table. Les Caves Coopératives vendent moins en vrac et davantage en bouteilles. Cela prouve que leurs vins atteignent une clientèle qui les apprécie.

Coteaux des Fenouillèdes

Vins rouge, rosé et très peu de blanc sec du nord-ouest du département. Vin courant, franc et sans prétention.

Côtes Catalanes

Vins rouge, rosé et blanc sec de vignobles bien situés, notamment dans les cantons de Rivesaltes et de Latour-de-France. Les meilleurs sont les rouges, qui ont une couleur profonde, chaleureuse et de la chair. Grosse production.

Val d'Agly

Vins rouge, rosé et blanc sec de la région, au nord du département où se trouvent certains des meilleurs vignobles du Côtes de Roussillon, Caramany et Rasiguères, aux vins desquels ils ressemblent.

Corse

La vigne fut introduite en Corse par les Grecs, ce qui fait des vignobles corses les plus anciens de France. Couvrant environ 28 000 hectares, principalement dans les régions côtières, ils produisent 30 millions de bouteilles dont 60 % de Vin de Pays. Au cours des cinq dernières années, la qualité s'est grandement améliorée, les vignerons et les Caves Coopératives s'attachant à produire des vins francs, avec du fruit et de la personnalité, plutôt que des vins mous et lourds destinés aux coupages. Les longues journées ensoleillées font des blancs et des rosés aromatiques, corsés, possédant peu d'acidité, à boire jeunes. Les rouges, toujours foncés, ont un bouquet chaleureux et épicé qui viendrait de la proximité du maquis. Ils s'apprécient jeunes car, s'ils ont de la mâche, ils ne sont pas tanniques et ne s'améliorent donc pas en vieillissant. Petite production de Vins Doux Naturels, aussi bons que leurs frères du continent.

Vin de Corse AOC

Vins rouge, rosé, blanc sec moelleux et quelques Vins Doux Naturels. A cette appellation peut être accolé le nom de la région. Les rouges et les rosés doivent comprendre au moins un tiers (généralement dépassé) de cépages corses, Niellucio et Sciacarello, auxquels s'ajoute le Grenache. Ces trois cépages doivent compter pour 50 % au minimum de l'encépagement. Le complément est fait des Cinsault, Mourvèdre, Syrah, Carignan et Vermentino (Malvoisie). Les blancs sont issus du Vermentino et de l'Ugni Blanc (maximum 25 %). Teneur alcoolique minimum : 11°5 ; rendement maximum : 50 hl/ha pour tous les vins, dont la plupart viennent de la côte orientale et possèdent le bouquet épicé et le fruit chaleureux typique des climats chauds. Les blancs et les rosés, embouteillés plus tôt afin de conserver leur fraîcheur, leur fruit et leur belle couleur pâle, s'améliorent. Les rouges, qui ont une jolie robe rubis, ont beaucoup en commun avec ceux du Rhône méridional. Ils valent mieux que leur réputation sur le continent. Production totale : 12 millions de bouteilles de rouge et rosé, 1,3 million de blanc. Petite production de VDN issu principalement du Grenache et du Muscat. Prix B-C ; D pour les VDN.

Vin de Corse Calvi AOC

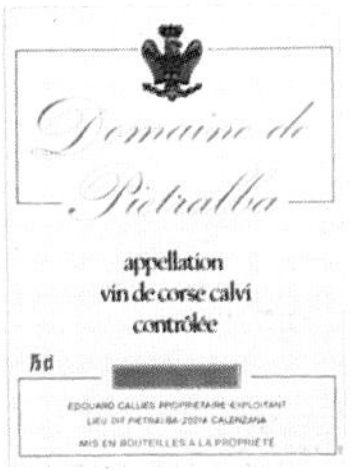

Vins rouge, rosé, blanc sec et demi-sec de la région de Calvi, au nord-est de l'île. Le Vermentino (ou Malvoisie de Corse) est dominant dans les blancs auxquels il donne une robe pâle et dorée et une saveur souple et fruitée. Les rouges, principalement issus des Niellucio et Sciacarello, ont une couleur profonde et sont chaleureux et fruités. Les blancs et les rosés, qui manquent d'acidité, doivent être bus aussi jeunes que possible. Les rouges s'épanouissent en 1 à 3 ans. Ce sont d'excellents vins de table qui se marient bien avec la cuisine régionale. Prix B-C.

Vin de Corse Coteaux d'Ajaccio AOC

Vins rouge, rosé et blanc sec de la région d'Ajaccio, à l'ouest. Le Sciacarello domine le rouge ; le Vermentino le blanc. Plus de 85 % de la production est un rouge bien équilibré, avec du corps et du fruit. Le rendement est limité à 45 hl/ha et, malgré la latitude très méridionale des vignobles, leur altitude et leur orientation empêche le vin d'être trop lourd. Le blanc, sec et fruité, doit être bu jeune. Le style de ces vins les rapproche de ceux du Midi.
Prix B-C.

Vin de Corse Coteaux du Cap Corse AOC

Vins rouge, rosé, blanc sec, moelleux et VDN de la pointe nord-est de l'île. Production bien moins importante qu'il y a un siècle. Le plus connu est un VDN capiteux nommé Rappu, issu du Muscat de vendange tardive. Le raisin est parfois séché sur des nattes de paille afin de concentrer davantage le sucre (opération appelée passerillage). On tire du Vermentino (Malvoisie) un blanc tendre et sec, très aromatique, qu'il faut goûter. La production de vins rouges et rosés est insignifiante.
Prix B-C-D.

Vin de Corse Figari AOC

Vins rouge, rosé et blanc sec d'une région aride droit au nord de Bonifacio. Le Niellucio et le Sciacarello dominent le rouge et le rosé ; le Vermentino, le blanc. Généralement parmi les meilleurs vins de Corse, avec beaucoup de corps et de personnalité. Prix B-C.

Vin de Corse Patrimonio AOC

Vins rouge, rosé, blanc sec, moelleux et VDN de vignobles à l'ouest de Bastia. Le terrain crayeux y est particulièrement favorable et le Patrimonio fut la première appellation contrôlée de Corse, en 1968. L'encépagement, pour le rouge et le rosé, doit compter un minimum de 60 % de Niellucio. Teneur alcoolique minimum : 12°5 (la plus élevée de Corse) ; rendement maximum : 45 hl/ha. Le rouge, riche et bien charpenté, a une robe profonde, un beau bouquet. Il se garde bien et ressemble un peu au Châteauneuf-du-Pape. Le rosé et le blanc sont plus élégants que la plupart des autres vins corses. A signaler un délicieux VDN issu du Muscat et du Malvoisie. Prix C-D.

Vin de Corse de Porto-Vecchio AOC

Vins rouge, rosé et blanc sec de vignobles côtiers de la pointe sud-est de l'île. Les vins de cette région ont été beaucoup améliorés. Ils tirent mieux parti des qualités propres aux cépages indigènes et présentent moins de défauts de lourdeur et d'oxydation. Ils sont épicés et fruités. Les blancs sont particulièrement bons. Ces vins sont généralement consommés sur place. Prix B-C.

Vin de Corse Sartène AOC

Vins rouge, rosé et blanc sec de vignobles de l'intérieur, entre Ajaccio et Bonifacio. Mêmes cépages que pour les autres vins de Corse, avec prédominance du Niellucio et du Sciacarello et d'un cépage propre à la région, le Montanaccio. Teneur alcoolique minimum : 11° ; rendement maximum : 45 hl/ha. Le même sol granitique qu'à Ajaccio, Figari et Porto-Vecchio donne au vin élégance et fermeté tout en préservant le riche fruité propre aux régions chaudes. Mérite d'être recherché. Prix B-C.

Vins de Pays

Ile de Beauté

Vins rouge, rosé et blanc provenant de toutes les régions de la Corse. Cépages pour les rouges et rosés : Nielluccio, Sciacarello (locaux), Grenache, Cinsault, Syrah, Mourvèdre, Carignan (Rhône méridional et Midi), Cabernet Sauvignon, Cabernet Franc, Merlot (Bordelais). Les styles varient avec les cépages et le terrain. Bien qu'on essaie les cépages bordelais, la majorité des vins restent typiquement corses : couleur profonde et bouquet épicé pour les rouges, une certaine corpulence et beaucoup d'arôme pour les rosés. Cépages pour les blancs : Vermentino, un peu d'Ugni Blanc et, à titre expérimental, Sauvignon et Chardonnay. Le blanc est surtout bu sur place. Prix A.

Vins Doux Naturels

Les Vins Doux Naturels (VDN) sont des vins vinés à ne pas confondre avec les *vins liquoreux*, naturellement doux par surmûrissement ou botrytisation (pourriture noble) du raisin avant la vendange. Lors de la vinification du VDN, on arrête la fermentation en ajoutant, soit en cours de fermentation, soit plus généralement à l'écoulage de la cuve de fermentation, de l'alcool neutre de raisin titrant habituellement 96° (minimum 90°). Cette opération est appelée *mutage*. Le moût destiné à devenir un Vin Doux Naturel doit contenir au moins 250 g de sucre par litre, ce qui lui donne 14°7 d'alcool en puissance, 17 g de sucre donnant 1° d'alcool. Suivant le moment où l'alcool est ajouté et sa proportion (pas moins de 6 %, pas plus de 10 %), la richesse totale en alcool et en sucre résiduel sera variable. Elle est généralement fixée à 21,5 %, ce qui se traduira sur l'étiquette par la mention 21°5. La plupart des VDN – et les meilleurs – viennent du Languedoc-Roussillon. Principaux cépages : Grenache et Muscat avec un peu de Malvoisie et de Maccabéo. Un VDN peut être blanc (Muscat), rosé ou rouge et vendu après 2 ou 3 mois. Ceux issus du Grenache sont vieillis en fûts réchauffés par le soleil estival. Ils deviennent plus complexes, prennent le nom de Rancio, sont les plus recherchés et atteignent leur apogée après 10 ou 20 ans. Un grand Banyuls peut se garder encore beaucoup plus.

Banyuls AOC

Rouge-brun-orangé, pesant au moins 21°5 avec 7° au plus de sucre résiduel. Peut être embouteillé jeune où être gardé en fûts (Banyuls Vieux ou Rancio). Prix E-F.

Banyuls Grand Cru AOC

Rouge-brun-orangé. Prix E-F.

Banyuls Rancio AOC

Brun-orangé. Prix E.

Côtes d'Agly AOC

Rouge, rosé et blanc. Prix D.

Grand Roussillon AOC

Rouge, rosé et blanc. Prix D.

Maury AOC

Surtout rouge. Prix D.

Muscat de Frontignan AOC

Blanc, le plus fin et le plus connu des Muscats VDN. Robe riche et dorée, arôme miellé concentré. Prix D.

Muscat de Lunel AOC

Blanc. Prix C-D.

Muscat de Miréval AOC

Blanc. Prix C-D.

Muscat de Rivesaltes AOC

Blanc. Prix C-D.

Muscat de Saint-Jean-de-Minervois AOC

Blanc. Prix C-D.

Rivesaltes AOC

Rouge, rosé, blanc. Prix C-D.

Bordelais et Sud-Ouest

Le vignoble bordelais est entièrement contenu dans le département de la Gironde. Avec une superficie de quelque 100 000 hectares et une production annuelle d'environ un demi-milliard de bouteilles, toutes AOC, c'est le plus vaste vignoble de vins fins du monde. Historiquement, le Bordelais a connu trois périodes d'expansion : l'occupation romaine qui a introduit la culture de la vigne ; le Moyen Age marqué par un prodigieux développement de l'exportation de ses vins vers les îles Britanniques ; l'époque des investissements français, par des aristocrates à la fin du XVIIIe siècle, par des banquiers et des hommes d'affaires au XIXe.

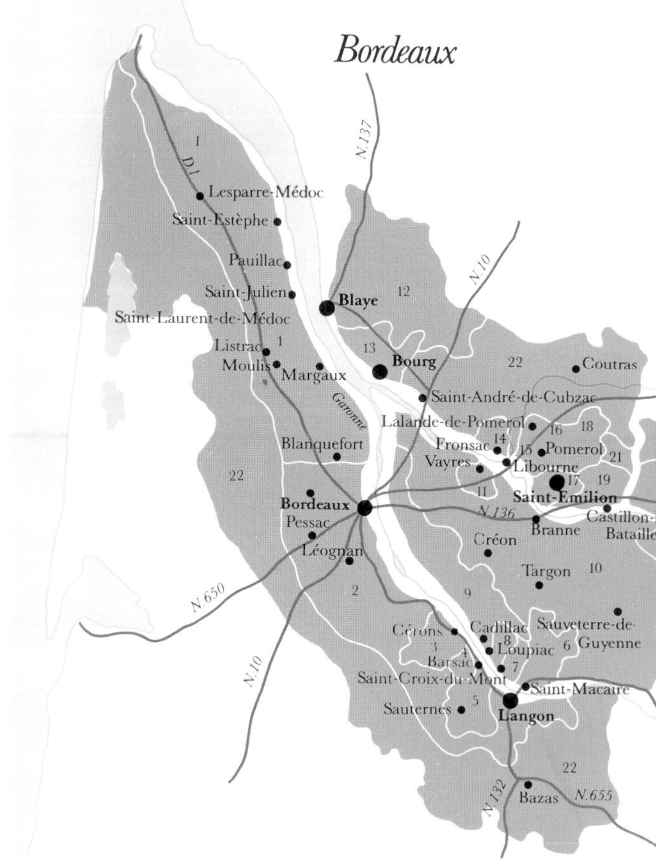

Dans cette vaste région, la gamme des vins est aussi étendue pour les Crus Classés que pour les appellations moins prestigieuses, leur diversité venant des différences de terrain et de climat. On distingue quatre catégories de vins : les rouges de la rive gauche de la Garonne et de la Gironde (Médoc et Graves) ; les rouges de la rive droite de la Dordogne et de la Gironde ; les rouges et les blancs produits entre la Garonne et la Dordogne (Entre-Deux-Mers) ; les grands blancs de Graves et de Sauternes. Le nom de la propriété ou du château est généralement plus en évidence sur l'étiquette que celui de l'appellation. C'est pourtant celle-ci qui définit l'origine et le style du vin, le château étant une variation sur le thème principal.

1 Médoc
2 Graves
3 Cérons
4 Barsac
5 Sauternes
6 Bordeaux Saint-Macaire
7 Sainte-Croix-du-Mont
8 Loupiac
9 Premières Côtes de Bordeaux
10 Entre-Deux-Mers
11 Graves de Vayres
12 Blayais
13 Bourgeais
14 Fronsac-Canon Fronsac
15 Pomerol
16 Lalande de Pomerol
17 Saint-Emilion
Saint-Georges-Saint-Emilion
Montagne Saint-Emilion
18 Lussac Saint-Emilion
Puisseguin-Saint-Emilion
19 Côtes de Castillon
20 Sainte-Foy-Bordeaux
21 Bordeaux Côtes de Francs
22 Bordeaux

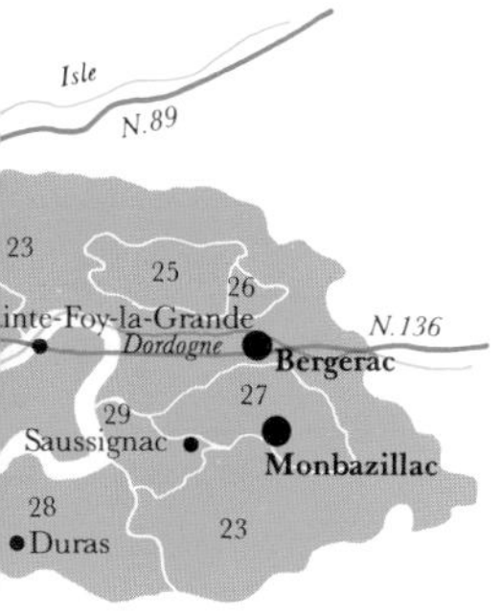

Bergerac

23 Bergerac
24 Montravel
25 Rosette
26 Pécharmant
27 Monbazillac
28 Côtes de Duras
29 Côtes de Saussignac

Appellations génériques

Nombre de Bordeaux sont regroupés dans les appellations génériques Bordeaux et Bordeaux Supérieur.

Bordeaux AOC

Vins rouge, rosé, blancs sec et moelleux produits dans n'importe quelle partie du Bordelais. Cépages pour le rouge et le rosé : Cabernet Sauvignon, Cabernet Franc, Merlot, Malbec, Petit Verdot et Carmenère. Cépages pour le blanc : Sémillon, Sauvignon et Muscadelle additionnés de Merlot Blanc, Colombard, Mauzac, Ondenc et Saint-Emilion /Ugni Blanc à concurrence de 30 % (ce pourcentage est presque toujours bien inférieur). Teneur alcoolique minimum : pour le rouge 10°, pour le blanc 10°5 et, si le vin contient moins de 4 g de sucre résiduel par litre, l'étiquette doit préciser *sec*. Rendement maximum : rouge 55 hl/ha ; blanc 65 hl/ha. L'appellation Bordeaux AOC s'applique aussi aux vins déclassés d'appellations régionales ou communales plus prestigieuses, ainsi qu'aux vins non conformes à une appellation donnée : ainsi un vin blanc produit dans le Médoc, dont l'appellation n'est autorisée que pour le rouge, devra prendre l'appellation Bordeaux (ou Bordeaux Supérieur si son degré est plus élevé) ; il en sera de même d'un vin *sec* de Barsac ou du Sauternais où l'appellation est réservée aux vins liquoreux.
Les vins rouges d'appellation générique Bordeaux, généralement de bonne qualité, seront bus de 1 à 4 ans après le millésime. On a fait de grands progrès dans la vinification des blancs, notamment des blancs secs, fruités et nerveux, qui connaissent, à juste titre, une vogue croissante. Présentant un excellent rapport qualité/prix, ils devront être bus jeunes. Les blancs moelleux, dont la production est moins importante, sont agréables et seront servis très frais, comme le seront les rares Bordeaux rosés. Prix B.

Bordeaux Clairet AOC

Vin rosé sec plus coloré qu'un Bordeaux rosé. Le mot anglais *claret*, qui désigne les Bordeaux en général, viendrait du français clairet.
Aujourd'hui le Bordeaux Clairet est davantage un vin rouge très pâle qu'un rosé. Nombre de propriétaires de châteaux en produisent pour leur consommation quotidienne et c'est la spécialité du village de Quinsac, dans les Premières-Côtes-de-Bordeaux. A servir frais. Prix B-C.

Bordeaux Mousseux AOC

Vin blanc mousseux issu des cépages autorisés dans le Bordelais, obtenu par la méthode champenoise. Il peut être sec ou demi-sec. Vin agréable pouvant remplacer le Champagne pour les bourses plates. Il est parfait pour la confection du Kir royal. Prix C-D.

Bordeaux Rosé AOC

Vin rosé sec issu de cépages autorisés pour l'appellation générique Bordeaux. Teneur alcoolique minimum : 11° ; rendement maximum : 55 hl/ha (Appellation Bordeaux Supérieur Rosé si le rendement est limité à 50 hl/ha). Vin très agréable, surtout s'il a été réfrigéré en fin de fermentation pour préserver sa saveur de fruit frais. A boire très jeune. S'accorde avec tous les genres de préparations culinaires. Prix B.

Bordeaux Supérieur AOC

Vins rouge, rosé, blancs sec et moelleux de même style que les Bordeaux génériques, mais avec une teneur alcoolique minimum de 10°5 pour les rouges et les rosés, de 11° pour les blancs, un rendement limité à 50 hl/ha et l'utilisation des seuls cépages nobles. Ils sont donc plus pleins, avec un caractère plus marqué et davantage de bouquet. A boire comme le Bordeaux. Excellent rapport qualité/prix. Prix B-C.

Bordeaux Supérieur – Côtes de Castillon AOC

Vin rouge issu des Cabernet Sauvignon, Cabernet Franc, Malbec et Merlot, celui-ci prédominant, produits sur la rive droite de la Dordogne à l'ouest de Saint-Emilion (11° ; 50 hl/ha). Ce vin est aussi bon et parfois meilleur que le Saint-Emilion de bas de gamme. Il a un fruit généreux et une certaine finesse. A boire entre 2 et 6 ans. Présente un excellent rapport qualité/prix. Production : 65000 cols. Prix C.

Bordeaux Supérieur – Côtes de Francs AOC

Vins rouge, blancs sec et moelleux d'une appellation qui jouxte les *Satellite-Saint-Emilion* (voir p. 114). Le rouge (11°) est issu des mêmes cépages que les Côtes de Castillon auquel il ressemble. Il est cependant plus souple et se fait plus rapidement. Le blanc, qui pèse au minimum 11°5, est issu du Sémillon et du Sauvignon auxquels est ajoutée un peu de Muscadelle. Rendement : 50 hl/ha. Production : 900 000 bouteilles (90 % de rouge). Le blanc sec est plaisant, mais moins que l'Entre-Deux-Mers. Prix C.

Bordeaux Supérieur – Haut-Bénauge AOC

Vin blanc moelleux du centre de la région d'Entre-Deux-Mers, issu de Sémillon, du Sauvignon et de la Muscadelle. Teneur alcoolique minimum : 11°5 ; rendement maximum : 50 hl/ha. On ne rencontre plus guère cette appellation depuis que les blancs moelleux de prix modérés sont passés de mode. La plus grande partie du vignoble est maintenant vinifiée en sec et vendue comme Entre-Deux-Mers. Prix B-C.

Entre-Deux-Mers, Graves, Sauternais

On produit des vins blancs et rouges dans la région d'Entre-Deux-Mers. Les grands blancs prestigieux viennent des Graves et du Sauternais.

Barsac AOC

Vin liquoreux d'un vignoble planté sur un terrain graveleux-sableux de la rive gauche de la Garonne, au sud de Cérons et au nord de Sauternes. Seuls les cépages bordelais classiques sont autorisés. Si le vin est vinifié en sec, il perd l'appellation Barsac et devient un Bordeaux ou un Bordeaux Supérieur. Vendange tardive de raisin atteint par la pourriture noble. Même degré et même rendement que le Sauternes (12°5 ; 25 hl/ha) dont il a toutes les qualités et sous le nom duquel il peut être vendu. Il est un peu moins léger et davantage citronné. Les meilleurs Barsac, 1er et 2e Grands Crus Classés, font partie des plus grands vins liquoreux du monde et ne peuvent donc être inclus dans les vins régionaux tels que définis ici. Prix E-F.

Cadillac AOC

Vin blanc demi-sec ou moelleux de vignobles de la commune de Cadillac sur la rive droite de la Garonne dans la partie méridionale des Premières Côtes de Bordeaux, en face de Cérons et de Barsac. Seuls les cépages bordelais classiques – Sémillon, Sauvignon et Muscadelle – sont autorisés et ce vin est habituellement vendu sous l'étiquette Côtes de Bordeaux-Cadillac. A boire jeune et très frais. Prix C.

Cérons AOC

Vins blancs sec et mœlleux de vignobles plantés sur un terrain graveleux-sableux au nord de Barsac et au sud des Graves. Seuls les cépages classiques sont autorisés. Pour le vin moelleux, le raisin est vendangé à mesure qu'il est atteint de la pourriture noble, pas tris successifs. Teneur alcoolique minimum : 12°5 ; rendement maximum : 40 hl/ha, jamais atteint, sauf pour les vins secs, vendangés plus tôt, qui doivent porter *sec* sur l'étiquette. Ils possèdent un bouquet floral, une certaine finesse et ressemblent aux crus non classés des Graves. Le Cérons classique, moins voluptueux que le Sauternes, a une fin de bouche fruitée-citronnée et beaucoup de finesse. Moins riche que les Sauternes, Barsac, Loupiac et Sainte-Croix-du-Mont, il peut accompagner le poisson, la viande blanche et les desserts à base de fruits. Servir frais, non glacé. Prix C-D.

Côtes de Bordeaux Saint-Macaire AOC

Vin blanc demi-sec ou moelleux provenant de vignobles plantés sur la rive droite de la Garonne, en face de Langon, au sud de l'appellation Entre-Deux-Mers. Seuls les cépages nobles classiques pour les vins blancs du Bordelais sont autorisés : Sémillon, Sauvignon et Muscadelle. Teneur alcoolique minimum : 11°5 ; rendement maximum : 50 hl/ha. Ce vin fruité avec un arôme de miel est moins riche et moins concentré que le Sainte-Croix-du-Mont et le Loupiac. A boire jeune, servi très frais. Prix C.

Entre-Deux-Mers AOC

Vin blanc sec de vignobles plantés dans la vaste région entre la Garonne et la Dordogne, qui comprend aussi les appellations suivantes : Graves-de-Vayres, Premières Côtes de Bordeaux, Loupiac, Sainte-Croix-du-Mont, Côtes de Bordeaux Saint-Macaire et Sainte-Foy-Bordeaux. Bien que les cépages mineurs comme le Colombard, le Merlot Blanc, l'Ondenc et l'Ugni Blanc soient autorisés, on ne plante plus que le Sauvignon (qui devient dominant), le Sémillon et la Muscadelle, afin de hausser la qualité. Le terrain est argilo-calcaire, siliceux-calcaire et graveleux. Teneur alcoolique minimum : 10° et maximum 13°, avec moins de 4 g par litre de sucre résiduel ; rendement : 60 hl/ha. L'Entre-Deux-Mers, léger, frais et fruité, avec un goût de terroir prononcé, s'accorde à merveille avec les fruits de mer. Il est aussi excellent avec les hors-d'œuvre et le poisson. A boire jeune. Une grande partie de la région a été complantée en cépages rouges qui donnent un agréable Bordeaux ou Bordeaux Supérieur, souple et fruité. Les Entre-Deux-Mers blancs (production 13 millions de bouteilles), ont comme les rouges, un très bon rapport qualité/prix. Prix B-C.

Graves AOC

Vins rouge, blanc sec ou demi-sec d'une région longue de 60 km, large de 12 km, située en dessous du Médoc et qui s'étend de La Jalle de Blanquefort, au nord de Bordeaux, jusqu'au sud de Langon. La région tire son nom de la nature du terrain : des *graves*, c'est-à-dire des graviers siliceux, argileux au nord et sableux au sud, qui conviennent admirablement à la vigne. Cépages : pour les rouges, Cabernet Sauvignon, Cabernet Franc, Merlot et un peu de Petit Verdot ; pour les blancs, Sémillon, Sauvignon et Muscadelle. L'appellation Graves est une des grandes appellations régionales du Bordelais, les autres étant Médoc, Saint-Emilion, Pomerol et Sauternes. C'est la seule qui produise des rouges et des blancs sous la même appellation. Les meilleurs viennent du nord, autour de Pessac et Léognan, où se trouvent tous les Crus Classés, qui associent élégance et finesse avec un bouquet très intense pour les rouges, tandis que les blancs sont les plus beaux blancs secs du Bordelais qui, en outre, se bonifient magnifiquement en vieillissant. C'est dans la moitié méridionale de l'appellation que se trouvent les Graves rouges et blancs, moins complexes mais excellents, qui nous intéressent. Teneur alcoolique minimum : 10° (rouge) et 11° (blanc) ; rendement maximum : 50 hl/ha. Les rouges ont un merveilleux fruit, un bouquet de rose, une fin de bouche fine et souple et atteignent leur apogée entre 4 et 8 ans, mais certains vins « modernes » qui ne sont pas logés en fûts, peuvent se boire après une année. Les blancs, harmonieux, avec un bouquet floral, une fin de bouche ferme, caractéristique, davantage de personnalité que l'Entre-Deux-Mers, se boivent frais, mais non glacés. Ils sont parfaits avec les fruits de mer et excellents avec les hors-d'œuvre, le poisson et la viande blanche. Bon rapport. qualité/prix. Prix C-D (F pour les Crus Classés).

Graves Supérieures AOC

Vins blancs sec, demi-sec et moelleux de la région des Graves pesant au moins 12°. La plupart des producteurs de blanc sec préfèrent utiliser l'appellation Graves avec le nom de leur château. La plupart des Graves Supérieures viennent du sud de l'appellation. Ils ont le caractère des Graves avec une certaine souplesse et une certaine richesse. La vogue des blancs secs leur a fait perdre une grande partie de leur marché. Prix C-D.

Graves de Vayres AOC

Vins rouge, blanc sec ou demi-sec d'une enclave dans la région d'Entre-Deux-Mers, sur la rive gauche de la Dordogne. Ne pas confondre cette appellation avec celle de Graves, entre Bordeaux et Langon. Les cépages bordelais classiques donnent ici des rouges souples et fruités à base de Merlot et des blancs secs agréables. A boire jeunes les uns et les autres. Prix C.

Loupiac AOC

Vin liquoreux de la rive droite de la Garonne, en face de Barsac. Loupiac est enclavé dans les Premières Côtes de Bordeaux. Teneur alcoolique minimum : 12°5 ; rendement maximum : 40 hl/ha, jamais atteint puisqu'on pratique la vendange tardive du raisin atteint de la pourriture noble, sauf si on récolte plus tôt pour vinifier en sec. Dans ce cas, le vin perd l'appellation Loupiac et prend celle de Bordeaux. Le style du Loupiac est proche de celui du Barsac et du Sauternes, avec une belle robe dorée, un bouquet de miel et un fruit moelleux et voluptueux. Il est délicieux jeune, servis très frais, en apéritif ou avec un dessert. Les meilleurs vins peuvent se garder plus de 20 ans. Prix D.

Premières Côtes de Bordeaux AOC

Vins rouge, blancs sec, demi-sec et moelleux de la rive droite de la Garonne, issus des cépages bordelais classiques, et produits dans une zone de 60 km s'étendant de la sortie de Bordeaux à Saint-Macaire. La partie septentrionale, près de Bordeaux, produit du rouge et du Clairet. Le sud est plus connu pour son blanc moelleux et liquoreux bien qu'on ait beaucoup complanté en rouge. Teneur alcoolique minimum : 10°5 pour le rouge (11°5 si le nom de la commune figure, par exemple Premières Côtes de Bordeaux-Quinsac), 12° pour le blanc. Les rouges sont souples et généreux, avec une belle robe rubis, un peu durs en primeur, mais se bonifiant au vieillissement (6 à 7 ans). Les blancs moelleux, issus de vendanges tardives à la manière des Sauternes, sont bien vinifiés, riches et parfumés. Les uns et les autres offrent un excellent rapport qualité/prix. Prix B-C.

Sainte-Croix-du-Mont AOC

Vin liquoreux de vignobles en pente sur la rive droite de la Garonne, au sud de Loupiac, en face du Sauternais. Cépages : Sémillon, Sauvignon et Muscadelle. Vendange tardive de raisin atteint de pourriture noble. Teneur alcoolique minimum : 12°5 ; rendement maximum : 40 hl/ha jamais atteint pour le liquoreux. La mode des vins moelleux ayant passé, une grande partie de la récolte est vendangée plus tôt, vinifiée en sec et vendue sous l'appellation Bordeaux. Miellé, riche, onctueux et fin, le Sainte-Croix-du-Mont authentique a une robe pâle et dorée dans sa jeunesse, tournant à l'ambre au vieillissement qui peut se prolonger 25 ans quand il est réussi. On peut aussi le boire jeune pour apprécier la richesse explosive de son fruit. Prix D.

Sainte-Foy-Bordeaux AOC

Vins rouge, blancs sec, demi-sec et moelleux du nord-est du département de la Gironde, sur la rive gauche de la Dordogne. La région fait géographiquement partie de l'Entre-Deux-Mers, mais les vins qui y sont produits sont sensiblement différents. Issus des cépages bordelais classiques, ils doivent peser au moins 10°5 (rouge) et 11° (blanc) ; rendement maximum : 50 hl/ha. Autrefois moelleux ou liquoreux et surnommé le Sauternes du pauvre, le blanc, avec l'arrivée en force du Sauvignon, est généralement sec. Le rouge, très coloré, avec un agréable fruit souple, peut se boire jeune. Prix B-C.

Sauternes AOC

Vin liquoreux de la rive gauche de la Garonne, au sud de Barsac et à l'ouest de Langon. Le Sémillon (dominant largement), le Sauvignon et la Muscadelle s'associent pour donner le plus beau liquoreux de France. La teneur alcoolique minimum de 12°5 est habituellement dépassée, plusieurs degrés de sucre résiduel restant encore après la fermentation. Le rendement bas de 25 hl/ha est rarement atteint. Le Sauternes est issu de raisin attaqué par la pourriture noble qui prolifère dans un micro-climat de brumes matinales d'automne que le soleil chasse, si tout se passe bien. Le raisin est prélevé quand la concentration en sucre a atteint son maximum, par de nombreuses tries successives, les vendangeurs opérant grappe par grappe ou même grain par grain. Ce vin très voluptueux, intense et suprêmement élégant est surtout connu par ses Grands Crus Classés. On peut le boire jeune, mais il faudrait vraiment le garder 10, 20 ou même 50 ans. Prix E-F.

Vins de la rive droite

Les vignobles de la rive droite de la Gironde et de la Dordogne donnent surtout des vins rouges virils, corpulents et solidement charpentés et des blancs estimables.

Blaye ou Blayais AOC

Vins rouge, blancs sec et moelleux de la rive droite de la Gironde. Cépages classiques auxquels peuvent s'ajouter le Cot pour le rouge, la Folle Blanche et le Frontignan pour le blanc. Teneur alcoolique minimum : 10° ; rendement maximum : 55 hl/ha (rouge), 65 hl/ha (blanc). Presque tout le rouge accède à l'appellation Premières Côtes de Blaye. Le blanc, en majorité sec, doit être bu très jeune. Prix B-C.

Côtes de Blaye AOC

Vin blanc sec ou moelleux du Blayais (10°5 ; 60 hl/ha). En général, les vins moelleux ont cédé la place à des vins secs et fruités issus du Sauvignon et du Sémillon. Ils n'ont pas le fin bouquet floral des meilleurs Entre-Deux-Mers, mais offrent un bon rapport qualité/prix. Prix B-C.

Premières Côtes de Blaye AOC

Vins rouge, blancs sec, demi-sec et moelleux de vignobles de la rive droite de la Gironde, en face du Médoc. Teneur alcoolique minimum : 10°5 ; rendement : 50 hl/ha (rouge), 60 hl/ha (blanc). Cépages autorisés pour le rouge : Cabernet Sauvignon et Franc, Malbec et Merlot. Il a une belle couleur, une saveur franche, souple, fruitée. Plus léger que son voisin des Côtes de Bourg, il possède un nez plus fin et offre un bon rapport qualité/prix. Le blanc est généralement moelleux. Prix B-C.

Bourg-Bourgeais AOC

Vins rouge, blancs sec, demi-sec et moelleux du canton de Bourg-sur-Gironde, au sud du Blayais, sur la rive droite de la Gironde, issus des seuls cépages nobles du Bordelais. Le rendement maximum est de 50 hl/ha pour le rouge et de 60 hl/ha pour le blanc. Le rouge (plus de 90 % de la production), qui a une robe profonde, est un Bordeaux de haute qualité, qui vieillit bien. Il atteint son apogée entre 2 et 6 ans, peut se garder davantage et est sous-estimé par rapport aux vins du Médoc. Prix C-D.

Côtes de Bourg AOC

Vins rouge et blanc sec de vignobles du Bourgeais. Cette appellation remplace souvent celle de Bourgeais, mais dans ce cas, les blancs doivent obligatoirement être secs. Prix C-D.

Canon Fronsac AOC

Vin rouge des vignobles les mieux situés de la région de Fronsac. Mêmes conditions de production que le Fronsac. Réglementairement, le nom de cette appellation devrait être Côtes Canon Fronsac. Ce vin, à la robe très profonde, est bien charpenté, robuste, charnu, avec une saveur veloutée intense, un arôme assez épicé et beaucoup de finesse. Il peut être bu après 4 ou 5 ans, atteint son apogée à 10 ans et peut se garder 20 ans. On prétend qu'il ressemble au Pomerol ou même au Bourgogne. Convient particulièrement bien à la viande rouge. Excellent rapport qualité/prix. Prix D-E.

Fronsac AOC

Vin rouge de la rive droite de la Dordogne, au nord-est de Libourne. Cépages : Cabernet Sauvignon, Cabernet Franc, Merlot et Malbec. Teneur minimum : 11° ; rendement maximum : 47 hl/ha. Sa robe est belle et profonde, il est robuste et bien charpenté, parfois corsé et s'harmonise et s'affine avec le temps. A son apogée entre 4 et 10 ans, c'est le vin favori de ceux qui ne peuvent ou ne veulent investir dans les Crus Classés. Parfait avec la viande rouge et le fromage, il se sert chambré. Excellent rapport qualité/prix. Prix C-D.

Lalande de Pomerol AOC

Vin rouge de vignobles au nord de Pomerol, sur un terrain sableux-graveleux. Cépages : Cabernet Sauvignon, Cabernet Franc, Merlot (dominant) et Malbec. Vin riche et velouté à la robe profonde, proche du Pomerol, mais moins fin. Teneur alcoolique minimum : 10°5 ; rendement : 42 hl/ha. Souvent dur et dénué de charme dans sa jeunesse, il se bonifie avec l'âge. Excellent avec la viande rouge, le gibier et le fromage. Prix E.

Lussac-Saint-Emilion AOC

Vin rouge de vignobles sur les pentes au nord de Saint-Emilion et à l'est de Pomerol, une des cinq appellations connues comme *Satellite-Saint-Emilion* étant donné leur voisinage et leur ressemblance avec le Saint-Emilion. Mêmes cépages, degré et rendement que celui-ci. Le Lussac Saint-Emilion atteint sa plénitude au bout de 3 à 4 ans et ne se garde pas plus de 8. Les meilleurs sont aussi bons – et chers – que les Grands Crus de Saint-Emilion. Prix C-D.

Montagne-Saint-Emilion AOC

Vin rouge. Un des *Satellite-Saint-Emilion* au nord de Saint-Emilion et à l'est de Pomerol. Mêmes conditions d'appellation que le Saint-Emilion. Parfois préférable au Saint-Emilion le plus courant. Les vignobles des pentes les plus hautes (terrain argilo-calcaire) donnent un vin plus robuste que celui issu des terrains graveleux plus proches de Pomerol. Prix C-D.

Néac AOC

Vin rouge de vignobles au nord de Pomerol (10°5 ; 45 hl/ha). Vin fin à la couleur profonde, généreux, avec un peu de la classe du Pomerol et de la richesse du Saint-Emilion. Presque toute la production est déclarée comme Lalande de Pomerol. Prix E.

Parsac-Saint-Emilion AOC

Vin rouge du nord de Saint-Emilion, un des *Satellite-Saint-Emilion,* vendu depuis 1973 sous l'appellation Montagne-Saint-Emilion. Prix C-D.

Pomerol AOC

Vin rouge de la rive droite de la Dordogne, au nord-ouest de Libourne. Seuls les cépages nobles sont plantés, le Merlot dominant (10°5 ; 42 hl/ha). Le Pomerol a une riche robe rubis, un bouquet tirant sur la truffe, une fin de bouche longue et veloutée. Sa réputation s'est justement affirmée, son prix et sa rareté l'éloignent des vins régionaux. Prix E et surtout F.

Puisseguin-Saint-Emilion AOC

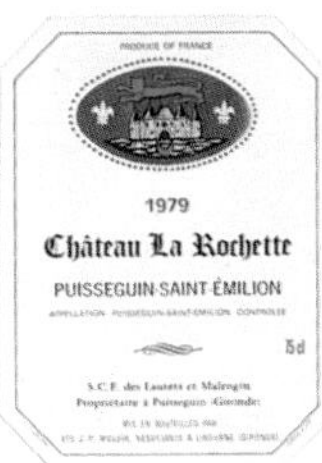

Vin rouge du nord-est de Saint-Emilion. *(Satellite-Saint-Emilion).* Mêmes cépages sur un terrain argilo-calcaire pierreux donnant un vin très coloré, robuste, de style Saint-Emilion, se gardant bien. Teneur alcoolique minimum : 11° ; rendement maximum 45 hl/ha. Prix C-D.

Saint-Emilion AOC

Vin rouge de la rive droite de la Dorgogne, au sud-ouest de Pomerol. L'appellation régionale Saint-Emilion est divisée en Saint-Emilion 1ers Grands Crus Classés (comprenant les 12 grands Châteaux), Saint-Emilion Grands Crus (dont la liste est établie chaque année par la commission de dégustation) et Saint-Emilion. Les cépages sont le Cabernet Sauvignon, le Cabernet Franc (appelé Bouchet dans la région), le Merlot et le Malbec. Le Merlot domine largement, atteignant parfois 80 %. Teneur alcoolique minimum : 11° (11°5 pour les Grands Crus) ; rendement maximum : 45 hl/ha (40 hl/ha pour les Grands Crus). Production annuelle d'environ 24 millions de bouteilles. On distingue deux styles de Saint-Emilion, selon la nature du terrain : les *graves,* viennent d'un terrain sableux-graveleux adjacent à Pomerol et les *côtes,* d'un terrain ondulé argilo-calcaire. Le Saint-Emilion classique est riche, très coloré, avec un fruit concentré et une apparente douceur due à la faible teneur en tanin. Il s'épanouit entre 6 et 12 ans ; le vin de bas de gamme peut se boire à 2 ou 3 ans. Le vin de *graves* a davantage de bouquet tandis que le *côtes* est plus fermé. Le Saint-Emilion, souvent surnommé « le Bourgogne des Bordeaux », se plaît en compagnie de la viande rouge, du gibier et du fromage. Certains des Châteaux les moins prestigieux offrent un bon rapport qualité/prix. Prix D-E (Grands Crus Classés) ; F (1ers Grands Crus Classés).

Saint-Georges-Saint-Emilion AOC

Vin rouge de vignobles sur les *côtes* au nord-est de Saint-Emilion, adjacents à ceux de Montagne-Saint-Emilion, donnant un vin robuste à la robe profonde, puissant mais élégant, qui se bonifie merveilleusement en vieillissant (11° ; 45 hl/ha). C'est le meilleur des *Satellite-Saint-Emilion,* avec le Montagne-Saint-Emilion dont il peut adopter l'appellation. Prix C-D.

Vins du Médoc

La région du Médoc produit des vins à la belle robe profonde possédant beaucoup de caractère.

Haut-Médoc AOC

Vin rouge de la partie méridionale de l'appellation Médoc. Mêmes cépages que le Médoc, mais teneur alcoolique plus élevée (10°5) et rendement de 48 hl/ha. Les vins du Haut-Médoc sont plus intenses, plus élégants et plus fins que ceux du Médoc. La plupart sont vendus sous des étiquettes de Châteaux et les Grands Crus n'ont pas leur place ici. De nombreux crus bourgeois offrent un bon rapport qualité/prix. Prix D-E.

Médoc AOC

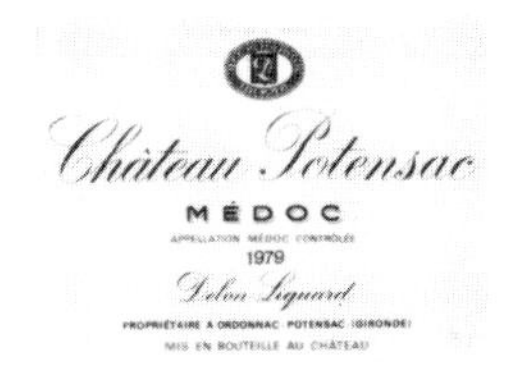

Vin rouge de vignobles larges de 10 km, s'étendant sur 80 km le long de la rive gauche de la Garonne, de Blanquefort à l'embouchure de l'estuaire. Le Médoc comprend deux régions : le Haut-Médoc de Blanquefort à Saint-Seurin-de-Cadourne, qui inclut aussi les appellations communales de Listrac, Moulis, Margaux, Saint-Julien, Pauillac et Saint-Estèphe ; le Bas-Médoc appelé Médoc, au nord de Saint-Seurin. Les cépages autorisés sont les classiques Cabernet Sauvignon, Cabernet Franc, Merlot, et un peu de Malbec et de Petit Verdot. Le terrain caillouteux-graveleux et son soubassement argilo-calcaire-crayeux donnent au vin son caractère particulier. Les vins issus des terres alluvionaires proches de l'estuaire prennent l'appellation Bordeaux ou Bordeaux Supérieur, comme les quelques blancs secs de la région. Teneur alcoolique minimum : 10° ; rendement maximum : 50 hl/ha. Les vins du Médoc ont une belle robe profonde, un bouquet complexe, épicé, rappelant le cassis, et beaucoup de fruit. Austères dans leur jeunesse, mais toujours harmonieux, ils atteignent leur apogée entre 6 et 12 ans. Les meilleurs Châteaux de bonnes années se gardent plus longtemps. Les petits Châteaux et les vins vendus sous l'appellation générique offrent un excellent rapport qualité/prix. Ils sont parfaits avec la volaille, la viande rouge, l'agneau et le fromage. Production : 12 millions de cols. Prix D-E.

Listrac AOC

Vin rouge du Haut-Médoc, à l'est de Margaux. Mêmes règlements d'appellation que les autres Haut-Médoc. Plus rudes au premier abord, les Listrac s'ouvrent après 4 ou 5 ans. C'est la moins prestigieuse des appellations communales et elle offre un bon rapport qualité/prix. Prix D-E.

Margaux AOC

Vin rouge issu de la plus méridionale des appellations communales du Haut-Médoc comprenant Margaux, Cantenac, Soussans, Labarde et Arsac. L'association du Cabernet et du Merlot donne un vin très fin au bouquet intense qui n'est jamais lourd. Les Grands Crus Classés atteignent un très haut niveau de qualité, mais on trouve d'excellents Crus Bourgeois plus abordables. Prix E-F.

Moulis AOC

Vin rouge du Haut-Médoc, juste au sud de Listrac. Les marnes très calcaires donnent au Moulis son caractère suave. Très fin, il s'épanouit plus rapidement que les autres vins du Haut-Médoc. Les châteaux les moins connus offrent un excellent rapport qualité/prix. Prix D-E.

Pauillac AOC

Vin rouge de la commune de Pauillac, celle qui abrite le plus grand nombre de Grands Crus Classés, entre Saint-Julien au sud et Saint-Estèphe au nord. Les vins de Pauillac, les plus classiques du Médoc, ont une robe intense et profonde, un bouquet de grande distinction, beaucoup de corps et d'élégance. Nul autre vin du Bordelais n'est d'aussi longue garde. Ils ont dans leur jeunesse une saveur un peu dure caractéristique qui est connue sous le nom de *goût de capsule.*
Prix E-F.

Saint-Estèphe AOC

Vin rouge de la plus grande et de la plus septentrionale des appellations communales du Haut-Médoc. Sa robe est profonde, il est solide, charnu et vieillit admirablement. Grands Crus Classés et plusieurs Crus Bourgeois exceptés, (surtout autour du village de Pez), il est moins fin que le Margaux, le Saint-Julien ou le Pauillac, mais néanmoins remarquable. Excellente Cave Coopérative.
Prix E-F.

Saint-Julien AOC

Vin rouge des communes de Saint-Julien-Beychevelle, Cussac et Saint-Laurent, presque au centre du Médoc. Les cépages autorisés pour les appellations communales du Haut-Médoc sont les mêmes que pour le Médoc : Cabernet Sauvignon, Cabernet Franc, Merlot avec un peu de Malbec et de Petit Verdot. Teneur alcoolique minimum : 10°5 ; rendement maximum : 45 hl/ha. Les vins de Saint-Julien associent la finesse du Margaux, au sud, et le corps du Pauillac, au nord. Les Grands Crus Classés de Saint-Julien, qui n'ont pas leur place dans ce guide des vins régionaux, sont très recherchés. Prix E-F.

Vins du Sud-Ouest

Le Sud-Ouest produit un large éventail de vins dans les départements suivants : Aveyron, Cantal, Dordogne, Gers, Haute-Garonne, Landes, Lot, Lot-et-Garonne, Pyrénées-Atlantiques, Tarn, Tarn-et-Garonne. Les rouges, le gros de la production, ont une robe riche et foncée, une certaine rusticité ; ils s'assouplissent en vieillissant. On trouve un peu d'excellent rosé. Les blancs moelleux proposent les fameux Jurançon et Monbazillac, les blancs secs sont peu connus. Une grande partie du vin blanc sert à l'élaboration de mousseux par la méthode champenoise ou la méthode rurale. Les vins du Sud-Ouest connaissent un regain de popularité mérité.

Béarn AOC

Vins rouge, rosé et blanc sec provenant principalement des Pyrénées-Orientales. L'Irouléguy, le Jurançon, le Pacherenc du Vic Bihl et le Madiran sont aussi des vins béarnais. Le rouge et le rosé de Béarn sont issus de cépages locaux : Tannat (maximum 60 %), Manseng Noir, Fer, Pinenc, Courbu Noir, et bordelais : Cabernet Franc et Cabernet Sauvignon. Fruités et assez légers, ils sont parfaits avec la cuisine basque. Les Caves Coopératives sont le principal producteur de ces vins. Les blancs (moins de 10 %) sont issus des cépages locaux Petit-Manseng, Gros-Manseng, Courbu, Lauzat, Baroque, additionnés de Sémillon et de Sauvignon. Légers et secs, ils manquent un peu de caractère et d'acidité et voyagent mal. Teneur alcoolique minimum : 10°5 ; rendement maximum : 50 hl/ha. Production : environ 750000 bouteilles. Prix C.

Bergerac AOC

Vins rouge et rosé de la région de Bergerac, en Dordogne. Déjà connu à la fin du Moyen Age, il se refait une bonne réputation. Cépages : Cabernet Sauvignon, Carbernet Franc, Merlot, Malbec (bordelais) et Fer (local). Teneur alcoolique minimum : 10° ; rendement maximum : 50 hl/ha. La Dordogne divise le Bergerac en deux styles : sur la rive droite, le vin est plus souple et plus fin, sur la gauche, il est plus coloré, plus tannique et plus corpulent. Le Bergerac ressemble à un Bordeaux rouge d'Entre-Deux-Mers avec davantage de fruit. A boire jeune, entre 1 à 4 ans. Le rosé a une jolie couleur, il est vif et désaltérant, mais moins intéressant que le rouge. Production : 15 millions de bouteilles. Prix B-C.

Bergerac sec AOC

Vin blanc sec issu du Sémillon, du Sauvignon et de la Muscadelle complétés par un peu d'Ondenc et de Chenin Blanc. Teneur alcoolique minimum : 11° ; rendement : 50 hl/ha. Moelleux dans le passé, il est maintenant sec, de nombreuses vignes ayant été replantées en Sauvignon. Vin nerveux et sec avec un agréable fruit, il se boit très jeune avec la charcuterie, le poisson et la volaille. Le meilleur vient du cru Panisseau. Prix B-C.

Cahors AOC

Vin rouge des vignobles des deux rives du Lot, dans le Quercy qui étaient déjà réputés au temps de l'occupation romaine. L'encépagement est très original : minimum de 70 % de Malbec (appelé ici Auxerrois et Cot dans la Loire), maximum de 20 % de Merlot et Tannat, 10 % de Jurançon Noir. Le Cahors a une robe pourpre très foncée, presque noire dans sa jeunesse. Il est solidement charpenté, charnu, et son âpreté juvénile devient harmonie et distinction après 3 ans. Teneur alcoolique minimum : 10°5 ; maximum : 13° ; rendement : 50 hl/ha. Un *Vieux Cahors* s'est bonifié 3 ans en fût. Le Cahors est parfait avec la cuisine régionale du Quercy, fabuleux avec le confit de canard et rivalise avec le Madiran pour accompagner le cassoulet. On a beaucoup replanté dans les vignobles du Cahors et, bien que l'appellation produise généralement des vins de qualité – ceux de coteaux étant de loin les meilleurs –, on trouve malheureusement des vins de Cahors qui sont désespérément légers. La production est supérieure à 10 millions de bouteilles. Prix C-D.

Côtes de Bergerac AOC

Vin rouge issu des mêmes cépages que le Bergerac, mais pesant 11° au lieu de 10°. Même différence entre le Bergerac et le Côtes de Bergerac qu'entre le Bordeaux et le Bordeaux Supérieur : les seconds ont davantage de profondeur et de personnalité et sont un peu plus chers. Production : 2 millions de bouteilles. Prix B-C.

Côtes de Bergerac – Côtes de Saussignac AOC

Vin blanc, généralement sec, de cinq communes autour de Saussignac. Sa teneur alcoolique doit atteindre 12°5, ce qui lui donne davantage d'ampleur qu'un Bergerac sec. Il s'accorde très bien avec la charcuterie, le poisson et la viande blanche. Production : 300 000 bouteilles. Prix C.

Côtes de Bergerac Moelleux AOC

Vin blanc moelleux issu du Sémillon, du Sauvignon et de la Muscadelle. Sa teneur alcoolique, sucre résiduel compris, doit être de 12° au minimum et de 15° au maximum. Ces délicieux vins, moelleux et fruités, ont encore des amateurs et sont relativement bon marché. Prix C.

Côtes de Buzet AOC

Vins rouge, rosé et blanc sec de la région entre Agen et Casteljaloux, sur la rive gauche de la Garonne, dans le département du Lot-et-Garonne. L'encépagement pour le rouge est de caractère bordelais : Cabernet Sauvignon, Cabernet Franc et Merlot auxquels s'ajoute très peu de Malbec. La plus grande partie de ce vin est vinifié par la Cave Coopérative de Buzet-sur-Baïse. Il a une très jolie robe et possède l'élégance des Cabernet et le fruit souple du Merlot. C'est le compagnon idéal du repas. A boire entre 3 et 8 ans. Le Côtes de Buzet de prestige, la *Cuvée Napoléon*, est vieilli en fût de chêne et atteint la qualité d'un bon Médoc. Le blanc, qui ne compte que pour 2 à 3 % de l'appellation, est issu du Sémillon, du Sauvignon et de la Muscadelle et ressemble à un Bordeaux sec courant, avec toutefois un peu plus de corps. La production de rosé est insignifiante. Teneur alcoolique minimum pour tous les vins : 10° ; rendement maximum : 40 hl/ha. Le vignoble des Côtes de Buzet est en pleine expansion, ses vins jouissant d'une excellente réputation. Prix C-D.

Côtes de Duras AOC

Vins rouge, blancs sec et moelleux de vignobles du département du Lot-et-Garonne, entre les vignobles d'Entre-Deux-Mers et de Bergerac. Cépages pour le rouge : Cabernet Sauvignon, Cabernet Franc, Merlot et Malbec. Teneur alcoolique minimum : 10° ; rendement : 50 hl/ha. Agréable et fruité, il se boit jeune, comme un simple Bordeaux. Cépages pour le blanc : Sémillon, Sauvignon et Muscadelle additionnés des cépages locaux Mauzac et Ondenc et de 25 % au plus d'Ugni Blanc. Le blanc moelleux dominait autrefois, mais le blanc sec et nerveux issu du Sauvignon est aujourd'hui en vogue. Teneur alcoolique minimum de 10°5 pour l'un et l'autre, qui possèdent un bon bouquet et une fin de bouche franche et fruitée. 4,5 millions de bouteilles de blanc, un peu moins de rouge. Excellent rapport qualité/prix. Prix B.

Côtes de Montravel – Haut Montravel AOC

Vin blanc moelleux de la région de Montravel. Ces deux appellations sont accordées à des vignobles de coteaux de communes déterminées. Seuls cépages autorisés : Sémillon, Sauvignon et Muscadelle. Teneur minimum : 12°, maximum : 15° y compris le sucre résiduel. Les Côtes de Montravel et Haut Montravel ressemblent aux meilleurs Premières Côtes de Bordeaux. Prix C.

Côtes du Frontonnais AOC

Vins rouge et rosé provenant d'un petit vignoble au nord de Toulouse. Cette appellation regroupe les anciens VDQS des Côtes du Fronton et de Villaudric. L'encépagement comprend au maximum 70 % de cépage local Négrette complété par les Cabernet Sauvignon, Cabernet Franc, Malbec, Cinsault, Syrah, Mauzac et une proportion croissante de Gamay. Teneur alcoolique minimum : 10°5, maximum : 13° ; rendement : 50 hl/ha. Ces vins ont une belle couleur, sont fruités et bien construits. On peut les boire jeunes, mais ils se gardent 3 à 4 ans. Quelques-uns des meilleurs viennent de la commune de Villaudric dont le nom peut figurer sur l'étiquette. Prix B.

Gaillac AOC

Vins rouge, rosé, blancs sec, moelleux et mousseux du département du Tarn, autour d'Albi et de Castres. Les vignobles de Gaillac datent d'avant l'ère chrétienne. Ils produisent des vins rouges et des rosés fruités et aromatiques, des blancs secs et francs, des vins moelleux, des mousseux plus ou moins effervescents et des vins perlants. Le Tarn sépare deux styles de vins : ceux des pentes calcaires de la rive droite sont plus riches ; ceux du terrain granitique de la rive gauche plus nerveux et plus vifs. Cépages pour les blancs : Mauzac Blanc, au moins 15 % d'En de l'El (ce qui veut dire *loin de l'œil* dans le parler régional) Ondenc, Muscadelle, Sémillon et Sauvignon. Ils sont délicieusement aromatiques et le blanc sec a une bonne acidité. A boire jeunes. Cépages pour les rouges : un minimum de 60 % de Fer, Négrette, Duras, Gamay et Syrah, le complément étant fait de Cabernet Sauvignon, Cabernet Franc, Merlot, Portugais Bleu, Jurançon Rouge et Mauzac. Ils ont une belle robe, un bon fruit, une certaine personnalité, sont légers et gouleyants et s'adaptent à tous les usages : le parfait vin régional. De nombreux rouges, vinifiés en macération carbonique, doivent être bus jeunes, même en primeur, et servis frais ; les meilleurs viennent de Cunac et de Labastide-de-Levis. Teneur alcoolique minimum pour le blanc et le rouge : 10°5 ; rendement maximum : 45 hl/ha, souvent dépassé. La plus grosse partie de la production vient des Caves Coopératives. Production : 7 millions de bouteilles dont plus de la moitié de blanc. Prix A-B.

Gaillac Doux AOC

Vin blanc moelleux devenant rare étant donné la mode des vins secs. Même réglementation que le Gaillac blanc, mais au moins 70 g par litre de sucre résiduel. Prix B.

Gaillac Mousseux AOC

Issu de vignobles de la région de Gaillac, c'est probablement le plus vieux mousseux du monde, titre que lui dispute la Blanquette de Limoux. Il est obtenu par la méthode rurale, dite aussi gaillacoise, sans adjonction de liqueur de tirage. La fermentation est arrêtée par filtrations successives et le sucre résiduel permettra l'apparition du gaz carbonique dans la bouteille, lors de la poursuite de la fermentation, au printemps de l'année suivante. Il en résulte un vin qui présente une jolie mousse naturelle, un bouquet délicat, une bouche fruitée. La méthode champenoise, moins risquée, est aussi utilisée. Elle donne un vin moins fruité qui n'a pas le charme du premier. Le Gaillac mousseux est très demandé dans les restaurants de la région. Prix D.

Gaillac Perlé AOC

Vin blanc légèrement effervescent de la région de Gaillac. Ce vin, obtenu par fermentation à basse température qui préserve le bouquet, repose plusieurs mois sur ses lies. Il est embouteillé sans avoir été dégazé par soutirages successifs. Son léger pétillement exalte le fruit de ce vin rafraîchissant qui est délicieux en apéritif ou avec un repas estival. Prix C.

Gaillac Premières Côtes AOC

Vin blanc sec ou moelleux semblable au Gaillac sinon qu'il pèse 12° au minimum et que son rendement est limité à 40 hl/ha. Cette appellation se rencontre rarement, ses vins se vendant fort bien comme Gaillac. Prix B.

Irouléguy AOC

Vins rouge, rosé et blanc sec d'un petit vignoble à l'ouest de Saint-Jean-Pied-de-Port, près de la frontière espagnole. Cépages autorisés pour le rouge : Tannat (minimum 50 %) et Fer – deux cépages indigènes –, Cabernet Sauvignon et Cabernet Franc. Teneur alcoolique minimum : 10°, maximum : 14°, un des plus élevés de France ; rendement maximum : 50 hl/ha. La production du rosé domine celle du rouge qui possède pourtant davantage de caractère, une robe rubis irrésistible, un fruit qui remplit la bouche, un goût de terroir épicé, le tout sans la certaine lourdeur du Madiran. Le rosé a une robe rose orangé (à l'autre extrémité de la gamme des roses par rapport, par exemple, au Bourgueil rosé, qui est rose violacé). Le rouge et le rosé s'accordent l'un et l'autre parfaitement avec la cuisine régionale et notamment les préparations à base d'œuf. La production annuelle est d'environ 180 000 bouteilles. Prix C.

Jurançon AOC

Vin blanc moelleux des Pyrénées-Atlantiques, au sud-ouest de Pau. S'il est vinifié en sec, comme cela est maintenant fréquent, il doit être vendu sous l'appellation Jurançon Sec. Le Jurançon moelleux, le plus beau vin du

Sud-Ouest, fameux depuis son rôle dans le baptême de Henri IV, est malheureusement de plus en plus rare. Cépages locaux : Petit Manseng, Gros Manseng et Courbu cultivés en hauteur, les souches atteignant un mètre et demi. Rendement maximum : 40 hl/ha presque jamais atteint. Vin de vendanges tardives, il pèse au minimum 12°5, le raisin desséché ayant une forte concentration en sucre. Le Jurançon moelleux est absolument différent du Sauternes ou du Vouvray liquoreux. Possédant une forte personnalité, il a une robe jaune or, un bouquet miellé épicé (muscade, cannelle et même girofle et gingembre), une bouche voluptueuse qui se termine avec une acidité citronnée rafraîchissante. Il peut se boire jeune, mais peut aussi se garder 10 ans ou davantage. A boire frais en apéritif, avec le foie gras, un poisson à la crème ou un dessert à base de fruits. Ce vin ne jouit pas de la réputation qui devrait être la sienne. Prix D-E.

Jurançon Sec AOC

Vin blanc sec de la même région et des mêmes cépages que le Jurançon moelleux. Teneur alcoolique minimum : 11°, maximum : 12°5 ; rendement maximum : 50 hl/ha. Plus facile à élaborer et à vendre que le moelleux, il compte pour 90 % de la production totale de 200 000 bouteilles. Sa robe est pâle, son bouquet a une trace du miel et des épices du merveilleux liquoreux, sa bouche est franche et fruitée, finissant avec une certaine verdeur. Le vin des Coopératives est à la fois de bonne qualité et bon marché. Prix C-D.

Madiran AOC

Vin rouge des Pyrénées-Atlantiques, des Hautes-Pyrénées et du Gers, au nord-est de Pau et au nord-ouest de Tarbes. Cépages : Tannat (de 40 % à 60 %), Fer, Cabernet Sauvignon et Cabernet Franc. Rivalise avec le Cahors pour avoir la robe la plus foncée et la plus longue garde du Sud-Ouest. Le Tannat donne un vin très âpre dans sa jeunesse. Même adouci par le Cabernet Franc, il doit passer 20 mois en fût avant embouteillage. Un bon Madiran a une robe pourpre-rubis splendide, un bouquet fruité et riche, une bouche pleine. Excellent avec la viande et le gibier, il n'a pas son pareil pour accompagner le cassoulet. Le Madiran peut se boire après 2 ou 3 ans, mais il atteint sa plénitude entre 5 et 10 ans. Le vin des Coopératives est bon marché, mais celui élaboré par les vignerons est meilleur. Le Madiran est un vin régional par excellence. Prix C-D.

Monbazillac AOC

Vin moelleux et liquoreux de vignobles de la rive gauche de la Dordogne, au sud de Bergerac. Les cépages sont ceux du Sauternes et des autres grands liquoreux de la région : Sémillon pour le bouquet et la richesse, Sauvignon pour la finesse et le corps, un peu de Muscadelle pour sa saveur musquée. Teneur alcoolique minimum : 13°, non compris le sucre résiduel ; rendement maximum : 40 hl/ha, presque jamais atteint étant donné qu'il s'agit de vendanges tardives de raisin atteint de la pourriture noble, la quantité étant sacrifiée au profit de la qualité. Les bonnes années, le Monbazillac est même plus riche que le Sauternes : 14 à 15° d'alcool naturel et 80 à 100 g de sucre résiduel par litre. Ce vin suscite un regain d'intérêt après des années de déclin et les producteurs prennent maintenant soin que leur vin soit franc, sans excès d'anhydride sulfureux, à la hauteur de son ancienne réputation. Le Monbazillac, jaune paille, miellé et voluptueux, peut être bu jeune, mais il atteint sa plénitude après les 5 ou 10 ans que tous les vins liquoreux exigent pour révéler leur merveilleuse complexité. A boire très frais pour lui seul, avec le foie gras ou un dessert à base de fruits, pas trop sucré. Le gros de la production de 8 millions de bouteilles est vinifié par la Cave Coopérative. Un bon Monbazillac offre un rapport qualité/prix exceptionnel. Prix C-D.

Montravel AOC

Vins blancs sec, demi-sec et moelleux de vignobles à l'est de Saint-Emilion, à l'ouest de Bergerac, sur la rive droite de Dordogne en face de l'appellation Sainte-Foy-Bordeaux. Seule son appartenance au département de la Dordogne explique pourquoi ce vin n'est pas classé parmi les Bordeaux. Cépages : Sémillon, Sauvignon, Muscadelle complétés par un peu d'Ondenc, Chenin Blanc et Ugni Blanc. Teneur alcoolique minimum : 11° (jusqu'à 13° pour les moelleux); rendement minimum : 50 hl/ha. Le Montravel est bien fait. Il a une robe dorée claire, un fruit souple et un certain charme. Le rouge produit dans la région est vendu sous l'appellation Bergerac. 85 % de l'appellation, qui produit annuellement 2 millions de bouteilles, sont fait de vignobles de plaine. Bon rapport qualité/prix. Prix B-C.

Pacherenc du Vic Bihl AOC

Vins blancs sec et demi-sec de vignobles de la même région que le Madiran. Il est issu de cépages locaux : Ruffiac, gros Manseng, Petit Manseng et Courbu, complétés par un peu de Sémillon et de Sauvignon. Les vignes sont cultivées comme à Jurançon ; les souches, atteignant deux mètres, sont disposées en *pachets-en-rang (piquets-en-rang,* dans le parler local), d'où le nom du vin. Il est riche et vif, ressemblant au Jurançon, mais en moins voluptueux ; sa fin de bouche est fruitée, légèrement miellée. Se boit en apéritif, avec les hors-d'œuvre, et acompagne très bien le poisson de rivière de la région. Très petite production de 90 000 bouteilles. Prix D.

Pécharmant AOC

Vin rouge de vignobles de coteaux sur la rive droite de la Dordogne, dans la région de Bergerac. Cépages : Cabernet Sauvignon, Cabernet Franc, Merlot et Malbec. Teneur alcoolique minimum : 11° (contre 10° pour le Bergerac) ; rendement maximum : 40 hl/ha. Ce vin a une robe riche, presque pourpre dans sa jeunesse, de la mâche, de la générosité et de la distinction. Il atteint sa plénitude entre 3 et 6 ans et se boit avec la charcuterie, la viande rouge, le gibier et le fromage. Le Pécharmant est incontestablement le meilleur rouge de la région de Bergerac ; il vaut la peine qu'on le recherche. Prix C-D.

Rosette AOC

Vin moelleux de vignobles de coteaux bien exposés, au nord de Bergerac. Le Sémillon, le Sauvignon et la Muscadelle, plantés sur un terrain argilo-calcaire, donnent un vin parfumé, délicatement moelleux, avec beaucoup de corps et de la personnalité. Teneur alcoolique, y compris l'alcool en puissance (sucre résiduel), minimum : 12°, maximum : 15° ; rendement maximum : 40 hl/ha. N'étant pas trop doux, le Rosette accompagne bien le poisson, la volaille et la viande blanche, notamment servie avec une sauce riche. Petite production de 20 000 bouteilles presque toutes bues sur place. Prix C.

Côtes de Saint-Mont VDQS

Vins rouge, rosé et blanc sec du département du Gers et de l'est de celui des Landes.

Cépages pour le rouge et le rosé : Tannat (70 %), Cabernet Sauvignon et Franc, Merlot ; rendement : 50 hl/ha. Le rouge, très coloré, avec un fruit franc un peu âpre, est le cadet du Madiran. Le blanc (Meslier, Jurançon, Sauvignon et Picpoul) est jaune paille clair, assez typé, sec sans excès d'acidité. Ne pas manquer de le déguster dans la région. Bon rapport qualité/prix. Prix A-B.

Côtes du Marmandais VDQS

Vins rouge et blanc sec de vignobles sur les deux rives de la Garonne, environ 40 km en amont de Langon, dans le département du Lot-et-Garonne. Cépages pour le rouge : au moins 50 % de Fer, Abouriou, Malbec, Gamay et Syrah, complétés par les cépages bordelais, Carbernet Sauvignon et Franc, Merlot. Teneur alcoolique minimum : 10° ; rendement : 50 hl/ha. Le rouge est plaisant, bien équilibré, avec un fruit souple. Petite production de blanc, issu du Sauvignon, de l'Ugni Blanc et du Sémillon ; vin sec, agréablement fruité, mais manquant parfois d'acidité. L'un et l'autre sont sans prétention. Prix A-B.

Tursan VDQS

Vins rouge, rosé et blanc sec du département des Landes, autour de Geaune et d'Aire-sur-Adour. Cépages pour le rouge et le rosé : principalement Tannat, complété par Cabernet Sauvignon, Cabernet Franc et Fer. Teneur alcoolique minimum : 10°5 ; rendement maximum : 45 hl/ha. Le Tursan rouge est solidement charpenté, très tannique ; c'est un petit frère du Madiran. Le rosé, simple et fruité, est moins intéressant que le rouge. Le blanc, autrefois la majeure partie de la production, est issu de 90 % de Baroque ; franc, avec davantage de saveur que de bouquet, il accompagne bien les hors-d'œuvre et le poisson de rivière de la région. Vin qu'il est préférable de boire très jeune. Prix B.

Vins d'Entraygues et du Fel VDQS

Vins rouge, rosé et blanc sec du nord de l'Aveyron et du sud du Cantal. Cépages principaux pour le rouge et le rosé : Cabernet Sauvignon, Cabernet Franc, Fer, Jurançon Noir, Gamay, Merlot, Négrette et même Pinot Noir. Pesant au minimum 9°, ils sont légers, fruités, avec un plaisant terroir. Cépages pour le blanc : Chemin Blanc et Mauzac. Pesant au minimum 10°, ils sont légers et agréablement nerveux. Rendement maximum pour tous : 45 hl/ha. Très petite production de 6 000 bouteilles de blanc, 3 000 de rouge et de rosé, entièrement consommées localement. Prix A.

Vins d'Estaing VDQS

Vins rouge, rosé et blanc sec de la commune d'Estaing, dans le département de l'Aveyron. La production de blanc (Chenin Blanc et Mauzac) est insignifiante : moins de 1 000 bouteilles par an. Le rouge est proche des Vins d'Entraygues et du Fel (mêmes cépages), léger, fruité et sans prétention. Rendement maximum pour tous : 45 hl/ha. Ce sont des vins à boire sur place. Prix A.

Vins de Lavilledieu VDQS

Vins rouge et minuscule production de rosé et de blanc sec des départements de la Haute-Garonne et du Tarn-et-Garonne. Cépage principal : Négrette (minimum 35 %) complété par une série d'autres cépages : Fer, Gamay, Jurançon Noir, Picpoul et Mauzac Noir. Rendement maximum : 45 hl/ha. Ces vins ressemblent au Gaillac et au Côtes du Frontonnais. Ils sont fruités, un peu rustiques. Production : 10 000 bouteilles. Prix A.

Vin de Marcillac VDQS

Vins rouge et rosé de vignobles autour de Rodez, dans le département de l'Aveyron. Principal cépage : Fer (minimum 80 %), complété par le Cabernet, le Merlot, le Jurançon Noir et le Gamay ; rendement : 45 hl/ha. Le Vin de Marcillac, presque entièrement vinifié par la Cave Coopérative, est très coloré, robuste, un peu rustique, avec beaucoup de fruit. Il s'accorde bien avec la charcuterie, la viande rouge, les ragoûts et le fromage. C'est un vin régional franc et bon. Prix B.

Vins de Pays

On trouve en Gironde un seul Vin de Pays et aucun VDQS, tous les Bordeaux étant AOC. Dans le Sud-Ouest le vignoble évolue avec l'apparition de cépages étrangers à la région. Les vins qui en sont issus n'ont droit qu'à une appellation : Vin de Pays. On a beaucoup replanté dans le Sud-Ouest. Prix A-B.

Vin de Pays de la Dordogne

Vins rouge, rosé et blanc sec. Le rouge est fruité comme un Bergerac, le blanc franc et nerveux est un vin courant.

Vin de Pays de la Gironde

Vins rouge et blanc du vignoble girondin. Le Vin de Pays de la Gironde n'est pas classé comme Bordeaux.

Vins de Pays des Landes

Vins rouge, rosé et blanc sec du sud-est des Landes. Les rouges et les rosés peu colorés et peu alcoolisés ; les blancs sont francs, mais ils manquent d'acidité.

Agenais

Vins rouge, rosé (très peu), et blanc sec du Lot-et-Garonne. Rouge à la robe rubis profond, assez tannique : blanc pâle et fruité avec une acidité rafraîchissante. Le rouge voyage, mais pas le blanc.

Charentais

Vins rouge, rosé et blanc sec de Charente et Charente-Maritime. Le rouge, belle robe, peu d'acidité, se marie bien avec les mets ; le blanc, parfumé, est un peu court.

Comte Tolosan

Vins rouge, rosé et blanc sec de vignobles autour de Toulouse, en Haute-Garonne, et des départements voisins. Le Comte Tolosan est un des trois Vins de Pays Régionaux. Il ressemble au Côtes du Tarn.

Condomois

Vins rouge, rosé et blanc sec du Gers. Le blanc est léger avec une bonne acidité (à boire jeune) ; le rouge, léger, est à boire sur place (très peu de rosé).

Coteaux de Glanes

Rouge et un peu de rosé du nord du Lot sur la rive gauche de la Dordogne. Léger, souple et fruité.

Coteaux du Quercy

Vins rouge et rosé du Lot, au sud de Cahors, et du Tarn-et-Garonne. Le Gamay donne ici un excellent vin courant, bien coloré, léger et fruité. Le meilleur provient des vignobles situés alentour de Cahors.

Coteaux et Terrasses de Montauban

Vins rouge et rosé de la région de Montauban, en Tarn-et-Garonne. Belle couleur et du fruit. Ressemble aux Gaillac.

Côtes de Gascogne

Vins rouge, rosé et blanc sec du Gers. Excellents vins dont la réputation commence à dépasser la région.

Côtes de Montestruc

Vins rouge, rosé et blanc sec autour d'Auch. Très proche du Côtes de Gascogne dont il peut prendre le nom.

Côtes du Bruhlois

Vins rouge et blanc sec du Gers et du Lot-et-Garonne. Le rouge, robe profonde, fruité, un peu rustique, s'accorde bien avec les mets ; le blanc est agréablement jeune.

Côtes du Tarn

Vins rouge, rosé et blanc sec de la moitié ouest du Tarn, parmi les meilleurs petits vins du Sud-Ouest. Le rouge, robe rubis brillant et un bon fruit ; le blanc, vin courant, a un certain caractère. Ces vins sont rarement décevants.

Gorges et Côtes de Millau

Vins rouge, rosé et blanc sec de l'Aveyron. Le rouge a une robe légère, du fruit et une agréable acidité ; le rosé est peut-être meilleur ; le blanc, pâle, nerveux, a du fruit et une bonne acidité. Leur qualité mériterait un VDQS.

Saint-Sardon

Vins rouge, rosé et blanc sec à l'ouest de Montauban, dans le Tarn-et-Garonne, et au nord-ouest de la Haute-Garonne. Le rouge et le rosé sont gouleyants ; le blanc ressemble à un petit blanc sec de Bordeaux.

Vallée de la Loire

Tous les styles de vin ou presque sont réunis dans la Loire, du blanc le plus sec au liquoreux le plus voluptueux ; du rouge léger et fruité à boire jeune au rouge plus racé qu'on traitera comme un Bordeaux ; et aussi tout l'éventail des rosés et le meilleur vin effervescent de France après le Champagne. La plupart, sont de parfaits vins régionaux délicieux à déguster sur place.

La Loire naît en Ardèche et se dirige vers le nord. A la hauteur du Beaujolais, on trouve naturellement le Gamay qui donne un vin fruité avec un net goût de terroir. En suivant son cours, on rencontre ensuite les cépages bourguignons Chardonnay, Aligoté – côtoyant le Sauvignon – et Pinot Noir, transfuge de la Côte d'Or, qui donne le Saint-Pourçain. C'est à partir du Nivernais, avec le Pouilly-Fumé, le Sancerre, et leurs cousins de l'ouest, le Quincy et le Reuilly, que les vins de la Loire affirment leur caractère. On fait encore un peu de vin plus au nord, autour de Gien, qui comptait 800 vignerons il y a un siècle et dans la région viticole proche d'Orléans, de plus en plus urbanisée.

Le fleuve oblique vers la mer, pénètre dans la région des châteaux de la Loire et, de Blois à son embouchure, le vignoble s'étend sans interruption. Avec les vins blancs de Touraine, le Sauvignon cède la place au Chenin Blanc, tandis que le Pinot Noir, encore présent à

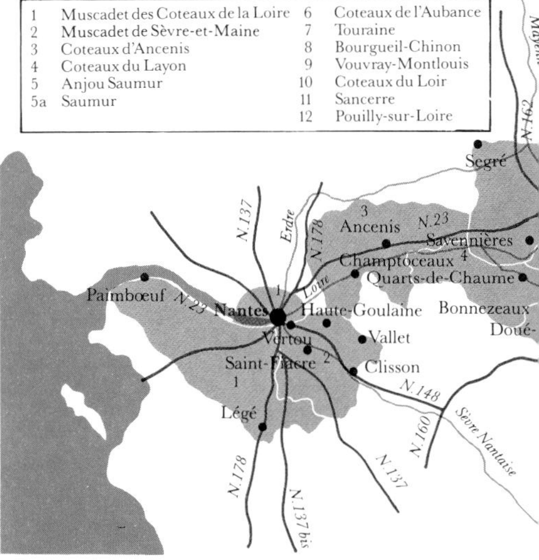

Sancerre, est remplacé par les Cabernet. On trouve d'agréables vins, surtout blancs, à Cheverny et à Chambord ; de bons vins d'appellation Touraine à Amboise – les meilleurs de cette région provenant des vignobles autour de Tours. A l'est de cette ville, apparaissent d'autres vins blancs de même style, issus du Chenin Blanc – Vouvray, Montlouis – allant du très sec au liquoreux et au mousseux ; à l'ouest, à la limite du Saumurois, les plus beaux rouges de la Loire, Chinon et Bourgueil, issus du Cabernet Franc.

Dès l'Anjou, leur style change encore. A l'exception de l'excellent Saumur-Champigny, les rouges deviennent moins intéressants. Les rosés, blancs secs et demi-secs sont populaires, tandis que les Bonnezeaux, Coteaux du Layon et Quarts-de-Chaume, moelleux ou liquoreux, qui redeviennent à la mode, sont les joyaux de la Loire. Les blancs secs, aussi issus du Chenin Blanc, notamment le Savennières, sont excellents.

Avec le pays nantais, nouveau changement de style. Ici, le vin est presque exclusivement du blanc sec. Le Muscadet, pâle et très nerveux, règne en maître. Ce vin, dont le nom est dans le monde entier associé aux fruits de mer, est un parfait vin régional. Encore plus sec, le Gros Plant du Pays Nantais, est souvent trop âpre pour de nombreux palais.

Nous examinerons le détail de ces quatre régions en remontant le cours de la Loire.

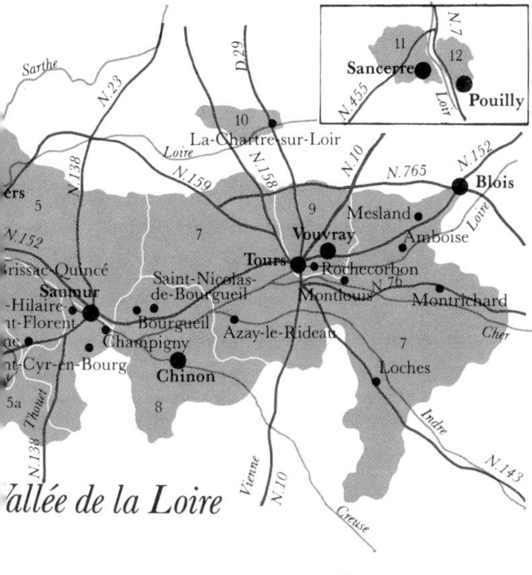

Vins de la Côte Atlantique et de l'Ouest

La région est dominée par le Muscadet. Ce vin léger, nerveux, parfois un peu vert, possède une saveur légèrement piquante qui évoque davantage la Bretagne que la vallée de la Loire. Tous ses vins, rouge, blanc et rosé, sont légers, peu alcoolisés, et doivent être bus jeunes.

La région du Muscadet

Muscadet est le nom du cépage et il l'a donné au vin lui-même. Originaire de la Bourgogne, qu'il a désertée, on l'appelait *Melon de Bourgogne* en raison de la forme ronde de ses feuilles, avant son implantation dans le bas du bassin de la Loire, au XVIe siècle. Il doit probablement son nom de *Muscadet* à la touche musquée du vin qu'on en tire. Le Muscadet est l'archétype du vin blanc sec : habillé d'une robe d'or pâle aux reflets verts, il est sec sans acidité, possède de la finesse, du charme, un caractère bien défini et conserve la fraîcheur et le fruit du raisin vendangé tôt. Il se plaît en compagnie des fruits de mer, des hors-d'œuvre, du poisson, de la viande blanche et du fromage de chèvre. Sa popularité est pour le blanc celle du Beaujolais pour le rouge. Production annuelle : environ 65 millions de bouteilles, réparties entre trois appellations.

Muscadet AOC

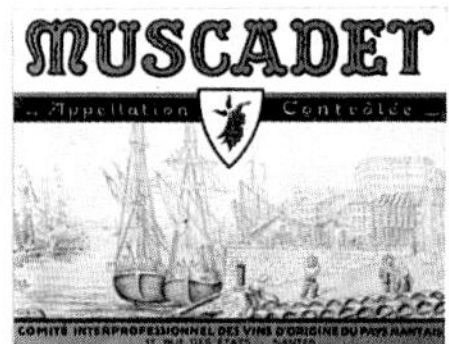

Vin blanc sec issu exclusivement du cépage Muscadet, pesant au minimum 9°5. Rendement maximum : 50 hl/ha. A boire aussi jeune que possible. L'étiquette peut porter *mis sur lies* si le vin est embouteillé dans l'année sans avoir été dégazé par soutirages, ce qui le rend légèrement *perlant*. La production de Muscadet tout court ne compte que pour 10 % de celle de l'appellation. Prix B.

Muscadet des Coteaux de la Loire AOC

Vin blanc sec de vignobles de la rive droite de la Loire, entre Nantes et Ancenis, soumis à la même réglementation que le Muscadet AOC, mais pesant au minimum 10°. Franc et fruité, peut-être un peu plus rond que le Muscadet tout court, il est un peu plus âpre et moins bouqueté que le Muscadet de Sèvre-et-Maine. Ne compte que pour 5 % de la production de l'appellation. A boire jeune. Prix B.

Muscadet de Sèvre-et-Maine AOC

Vin blanc sec d'une région de collines arrondies au terrain de schistes calcaires, au sud-est de Nantes, dont les vignobles produisent le meilleur Muscadet. Les plus fins et les plus longs en bouche proviennent des cantons de Vallet, Clisson et Loroux-Bottereau. Même conditions de production que le précédent. A boire jeune ou de 2 à 4 ans. Prix B-C.

Coteaux d'Ancenis VDQS

Vins rouge, rosé et blanc sec de la rive droite de la Loire, autour d'Ancenis, peu connu. Teneur alcoolique minimum : 10° ; rendement maximum : 40 hl/ha. L'étiquette doit préciser le cépage : Pineau de la Loire, Chenin Blanc, Pinot Beurot et Malvoisie pour le blanc ; Gamay et Cabernet Franc pour le rouge et le rosé. Mis à part le vin issu de la Malvoisie, qui peut être légèrement doux, les Coteaux d'Ancenis sont légers, fruités et rafraîchissants. A boire jeunes. Prix B.

Gros Plant du Pays Nantais VDQS

Vin blanc sec issu d'un cépage qui change de nom suivant la région : Gros Plant dans le pays nantais, Folle Blanche plus au sud, où il donne naissance au Cognac et à l'Armagnac, Picpoul dans le Midi. Teneur alcoolique minimum : 9° ; rendement maximum : 50 hl/ha. Le Gros Plant, très sec et gouleyant, est plus vert que le Muscadet dont il n'a ni la souplesse ni l'arôme musqué. A boire très jeune à l'apéritif ou avec des fruits de mer. Prix B.

Vins de l'Anjou et du Saumurois

Les limites de l'ancienne province royale d'Anjou étaient approximativement celles de l'actuel département du Maine-et-Loire. Les vignobles sont plantés sur les rives de la Loire et de ses affluents et bénéficient du climat septentrional tempéré par le fleuve. Les vins d'Anjou offrent un éventail complet de styles : blancs du plus sec au liquoreux en passant par le mousseux, excellents vins rouges et le très populaire rosé d'Anjou.

La réputation des vins du Saumurois est aussi ancienne. Bien que classés officiellement avec les vins d'Anjou, ils ont probablement davantage en commun avec ceux de Touraine. Les blancs sont généralement secs ou demi-secs. Le terrain, un tuf calcaire poreux appelé *tuffeau,* associé aux cépages autorisés, donne des vins de garde qui ont beaucoup de caractère. Ceux produits sur un terrain plus sableux sont plus légers. Les environs de Saumur sont surtout connus pour leur vin effervescent, alors que le Champigny peut prétendre être le meilleur rouge de la Loire.

Anjou AOC

Vins rouge, rosé et blanc du département du Maine-et-Loire et d'une partie de ceux des Deux-Sèvres et de la Vienne. Cépage pour le rouge : Cabernet Franc, Cabernet Sauvignon, Pineau d'Aunis, pour le rosé, les mêmes plus Gamay, Cot, Groslot ; pour le blanc : Chenin Blanc, Pineau de la Loire (minimum 80 %) et Chardonnay ou Sauvignon (maximum 20 %). Teneur alcoolique minimum, rouge : 10° ; blanc : 9°5 ; rendement maximum : 50 hl/ha. L'appellation Anjou couvre plusieurs appellations régionales ou communales, comme celle de Bourgogne couvre Pommard, Nuits-Saint-Georges, etc. Les blancs sont généralement secs, avec un fruit souple de chèvrefeuille les bonnes années ; les rosés sont peu colorés, séduisants avec souvent une touche de sucre ; les rouges ont une belle robe, beaucoup de fruit et un délicieux goût de terroir. Le vignoble couvre environ 52 000 hectares. Prix C, mais beaucoup plus pour un très bon moelleux.

Anjou Coteaux de la Loire AOC

Vins blancs sec et demi-sec des alentours d'Angers. Le vignoble, petit, est bien exposé. Cépage : Pineau de la Loire uniquement, donnant un bouquet de fleurs estivales et un fruit discret. Le demi-sec est légèrement miellé, mais moins doux que celui des Coteaux de l'Aubance ou du Layon. Teneur alcoolique minimum : 12° dont 11° d'alcool acquis ; rendement maximum très bas de 30 hl/ha. Ces vins, qui ont peu d'acidité, doivent être bus jeunes pour la soif ou pour accompagner une entrée légère ou un poisson. Prix C-D.

Anjou Gamay AOC

Vin principalement rouge issu du Gamay. Léger, gouleyant, il est moins intéressant que le Cabernet d'Anjou, mais agréable s'il est jeune et frais. Prix B-C.

Anjou Mousseux AOC

Très petite production de vin effervescent blanc et rosé obtenu par la méthode champenoise. Cépage principal : Pineau de la Loire auquel peuvent s'ajouter, à concurrence de 60 %, les Cabernet Franc et Sauvignon, Gamay, Cot, Groslot et Pineau d'Aunis pour le rosé. Le Saumur Mousseux est beaucoup plus connu. Prix D.

Bonnezeaux AOC

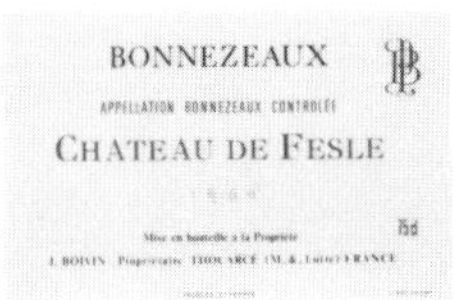

Vin blanc liquoreux de la rive droite du Layon, dans la commune de Thouarcé, le Bonnezeaux est le *grand cru* de l'appellation Coteaux du Layon et, avec un autre *grand cru*, le Quarts de Chaume, le plus beau liquoreux d'Anjou. Cépage unique : Pineau de la Loire (Chenin Blanc). Teneur alcoolique minimum : 13°5 dont 12° d'alcool acquis, atteignant généralement 16° et parfois davantage ; rendement maximum : 25 hl/ha. La vendange est tardive (fin octobre) pour laisser la pourriture noble se développer. Les bonnes années, le Bonnezeaux est riche et parfumé, avec une acidité citronnée rafraîchissante qui l'empêche de devenir écœurant malgré sa haute teneur en sucre. Il peut être bu jeune, dans l'année suivant le millésime, quand son fruité est encore explosif, mais c'est entre 5 et 15 ans qu'il s'épanouit. A boire aux alentours de 7°, en apéritif, avec un poisson à la crème, un dessert à base de fruit ou en été, l'après-midi. Petite production. Prix E ; F pour les millésimes plus anciens.

Cabernet d'Anjou AOC
Cabernet d'Anjou-Val-de-Loire AOC

Vin rosé demi-sec de la région angevine issu exclusivement du Cabernet Franc et/ou du Cabernet Sauvignon. Teneur alcoolique minimum : 10°, plus 10 g par litre au maximum de sucre résiduel : rendement maximum : 40 hl/ha ; production de 1,2 million de bouteilles. Habillé d'une jolie robe saumon, ce rosé légèrement sucré connut un grand succès des années 1890 aux années 1950. Puis, souvent mal élaboré, il vint à passer de mode. Bien vinifié, il a un bouquet de violettes ou de framboises et une fin de bouche tendre. A boire frais, seul ou avec des petits fours. Prix C-D.

Cabernet de Saumur AOC

Vin rosé demi-sec de la région de Saumur. Mêmes conditions de production que le précédent. Couleur un peu plus pâle, parfois aussi légère que celle d'un vin gris ; saveur plus délicate, plus ferme et moins riche. Petite production d'environ 120000 bouteilles. Prix C-D.

Coteaux de l'Aubance AOC

Vin blanc demi-sec, moelleux et parfois liquoreux des rives de l'Aubance. Même terrain schisteux et même cépage que les Coteaux du Layon, ce qui explique leur parenté. Ce vin souple, plaisant et fruité est toutefois moins liquoreux et moins ample. Teneur alcoolique minimum : 11°, dont 10° d'alcool acquis. La production des Coteaux de l'Aubance décline en faveur de celle de vins blanc secs issus du même cépage, de rouges et de rosés issus du Cabernet ou du Gamay, plus populaires, qui n'ont droit qu'à l'appellation Anjou. Prix D.

Coteaux de Saumur AOC

Vin blanc demi-sec issu du Chenin Blanc sur le *tuffeau* de la région de Saumur. Ressemble au Vouvray. Saveur fruitée, nerveuse et bien définie ; bouquet miellé et floral. Petite production de 12000 bouteilles presque entièrement bue sur place. Prix D.

Coteaux du Layon AOC

Vin blanc moelleux et liquoreux des rives du Layon, affluent de la Loire, issu exclusivement du Pineau de la Loire (Chenin Blanc). Les vendanges sont tardives pour permettre à la pourriture noble de se développer. Ces vins ont une robe dorée aux reflets verts, un bouquet floral et miellé et une richesse en bouche tempérée par l'acidité naturelle du Pineau. Ils sont de la même famille, mais plus légers (12°), que les Barsac et Sauternes du Bordelais. Rendement maximum : 30 hl/ha. Les meilleures communes – Beaulieu, Faye, Rablay, Rochefort, Saint-Aubin-de-Luigné, Saint-Lambert-du-Lattay – ont le droit d'ajouter leur nom à l'appellation Coteaux du Layon si le vin titre 13° (dont 12° d'alcool acquis), ce qui le rend plus riche et plus concentré. Rendement maximum : 25 hl/ha. A boire très frais, mais pas glacé, ce qui exalte le bouquet délicat du vin. Quand il ne souffre pas d'un excès de SO_2, ce vin est excellent et présente un bon rapport qualité/prix. Prix D-E.

Coteaux du Layon-Chaume AOC

Mêmes style et conditions que les appellations communales ci-dessus, mais vignobles exclusivement d'une partie déterminée de la commune de Rochefort-sur-Loire et rendement maximum limité à 25 hl/ha. Prix D-E.

Crémant de Loire AOC

Vins mousseux blanc et rosé, issu des cépages autorisés en Anjou, Saumurois et Touraine, moyennement effervescents (3,5 atmosphères), obtenus par la méthode champenoise. Prix D.

Quarts de Chaume AOC

Vin blanc liquoreux de la meilleure partie du vignoble de Rochefort-sur-Loire, (40 ha), planté en Pineau. C'est, avec le Bonnezeaux, le *grand cru* des Coteaux du Layon. Teneur alcoolique minimum : 13°, dont 12° d'alcool acquis ; rendement maximum très bas de 22 hl/ha. Ce vin de vendanges tardives de raisin atteint de pourriture noble est voluptueux. Bouquet floral explosif de miel et d'abricot, riche au palais avec une touche d'amertume en fin de bouche qui en accentue la finesse. Délicieux même les années pauvres, il rivalise les bonnes années avec les meilleurs liquoreux. Prix E-F.

Rosé d'Anjou AOC

Vin rosé demi-sec issu d'un ou plusieurs cépages, vinifiés *en blanc*, autorisés en Anjou : Cabernet Franc, Cabernet Sauvignon, Pineau d'Aunis, Gamay, Cot et Groslot. Teneur alcoolique minimum : 9° et 9 g au moins de sucre résiduel ; rendement maximum : 50 hl/ha. Ce vin à la jolie robe est rafraîchissant. Il se boit jeune et très frais. Prix B-C.

Rosé d'Anjou Pétillant AOC

Rosé d'Anjou tranquille rendu effervescent par la méthode champenoise. La demande pour ce type de vin est devenue presque inexistante. Prix C.

Rosé de Loire AOC

Vin rosé sec d'Anjou, Saumurois et Touraine. Mêmes cépages que le Rosé d'Anjou, mais au moins 30 % de Cabernet. Teneur alcoolique minimum : 9° et pas plus de 3 g de sucre résiduel par litre. Plus léger et plus vif que le rosé d'Anjou, il provient principalement de Touraine. Production : 2,5 millions de cols. Prix B-C.

Saumur AOC

Vins rouge, blanc sec et demi-sec issus des mêmes cépages que les vins d'Anjou. Teneur alcoolique minimum : 10°, le blanc ne devant pas contenir plus de 10 g de sucre résiduel par litre ; rendement maximum : 40 hl/ha (rouge) et 45 hl/ha (blanc). Le blanc est très fin, franc, fruité, harmonieux et peut se garder. La différence entre l'Anjou et le Saumur provient du terrain, un tuf calcaire poreux, qui donne au second un style s'apparentant à celui du Vouvray. Le Saumur blanc est délicieux avec le hors-d'œuvre, le poisson et la viande blanche, notamment le porc. Les vins les moins secs ont l'appellation Coteaux de Saumur. Le Saumur rouge est franc, fruité, et possède un caractère régional bien marqué. Le meilleur, le Saumur-Champigny, possède sa propre appellation. Le rouge compte pour un peu moins d'un tiers de la production de l'appellation. Prix C (rouge) ; D (blanc).

Saumur-Champigny AOC

Meilleur vin rouge du Saumurois et de l'Anjou, le Saumur-Champigny, déjà réputé au Moyen Age, ressemble, en plus robuste, aux Bourgueil et Chinon de Touraine. Habillé d'une robe profonde, pourpre quand le vin est jeune, qui lui vient du Cabernet, il est ample et souple, a un arôme concentré de framboises ou de fraises des bois et une fin de bouche ferme. On peut le boire un ou deux ans après le millésime à température de cave, mais il s'épanouit vers 5 ans et peut se garder 10 ans ou davantage. Comme de nombreux vins de la Loire, le Saumur-Champigny est infiniment meilleur bu sur place avec la cuisine régionale. Excellent rapport qualité/prix. Prix C-D.

Saumur Mousseux AOC

Vins mousseux blanc ou rosé obtenus par la méthode champenoise. Cépages : Chenin Blanc, un maximum de 20 % de Chardonnay ou de Sauvignon et jusqu'à 60 % de cépages rouges, Cabernet Franc, Cabernet Sauvignon et Pineau d'Aunis. Teneur alcoolique minimum : 8°5 avant addition de la liqueur de tirage (les vins forts en alcool ne donnent pas de bons mousseux) ; rendement maximum : 60 hl/ha. La plus grande partie du Saumur Mousseux est vendue, comme le Champagne, sous un nom de marque (Gratien et Meyer, Langlois Château, Ackermann, etc.). Soit crémant, soit plus effervescent, c'est un mousseux d'excellente qualité qui connaît un succès mérité. Le rosé ne compte que pour environ 5 % de la production. Prix D.

Saumur Pétillant AOC

Ce vin n'existe presque plus. Bien qu'élaboré comme le Saumur Mousseux, il ne peut légalement être habillé à la champenoise (bouchon type Champagne retenu par un muselet, imposante collerette argentée ou dorée, étiquette imperméable) et doit être présenté comme un vin tranquille. La très faible production de ce vin est très appréciée dans la région. Prix probable D.

Savennières AOC

Vin blanc sec ou demi-sec, le plus beau du Saumurois. Le vignoble est superbement exposé, sur des pentes raides descendant vers la Loire. Cépage : exclusivement Pineau de la Loire (Chenin Blanc) ; teneur alcoolique minimum : 12°5, dont 12° d'alcool acquis ; rendement très bas de 25 hl/ha. Ce vin allie élégance, délicatesse et finesse, soutenues par un fruit ferme et aromatique. Il possède une bonne acidité naturelle qui lui permet de vieillir. Généralement sec, il s'associe parfaitement avec le poisson de rivière et la volaille. Les bonnes années avec beaucoup de soleil, il est plus riche en sucre, mais jamais doux. Production : moins de 200 000 bouteilles. Prix D, et E pour les vins de vendanges tardives ou vieux millésimes.

Savennières-Coulée-de-Serrant AOC
Savennières-Roche-aux-Moines AOC

Les deux *grands crus* de Savennières, le Savennières-Coulée-de-Serrant (un unique domaine) étant exceptionnel. Bien qu'ils soient bus dans la région, ce ne sont pas des vins régionaux au sens où nous l'entendons. Prix F.

Vins du Haut Poitou VDQS

Vins rouge, rosé et blanc sec (tranquille et effervescent) de la région de Poitiers, dans la Vienne. Cépages pour le rouge et le rosé : principalement Gamay, Pinot Noir, Cabernet Sauvignon, Chardonnay, Pinot Blanc, Chenin Blanc, Cot et Groslot (Grolleau) ; pour le blanc : Sauvignon, Chardonnay, Pinot Blanc et Chenin Blanc (maximum 1/5, proportion inverse de celle de l'Anjou). Teneur alcoolique maximum : rouge 9° ; blanc et rosé : 9°5. Peu colorés, frais et fruités, il faut les boire jeunes et très frais. Ceux issus du Sauvignon et du Gamay possèdent le caractère propre à leur cépage ; celui issu du Chardonnay est nerveux et bien typé. Prix B-C.

Vins du Thouarsais VDQS

Vins rouge, rosé et blanc sec de la région de Bressuire, dans les Deux-Sèvres. Cépages : Chenin Blanc (blanc) ; Cabernet Sauvignon et Franc (rouge et rosé). Assez légers (9° minimum pour le rouge, 9°5 pour le blanc et le rosé), plaisants et fruités, dans le style des vins d'Anjou, ils se boivent frais, même le rouge. Prix B.

Vins de Touraine

Les vins de Touraine, province surnommée *le Jardin de la France,* furent connus avant même ceux d'Anjou. Leur style est similaire à celui des vins du Saumurois et d'Anjou. Le climat est idéal et le terrain, est parfait pour la viticulture. Le Pineau de la Loire s'y trouve bien et il y exprime sa diversité, tandis que le Cabernet Franc (le Breton) et le Gamay donnent les rouges et les rosés les plus séduisants. C'est en Touraine, au centre du bassin de la Loire, qu'on trouve les vins les plus caractéristiques du style *vin de la Loire.*

Bourgueil AOC

Vins rouge et rosé issus exclusivement du Cabernet Franc et du Cabernet Sauvignon (à concurrence de 25 %). Teneur alcoolique minimum : 9°5 ; rendement maximum : 45 hl/ha. On trouve dans la région de Bourgueil deux types de terrain, donc deux styles de vin : le terrain alluvial graveleux donne des vins plus fins, plus bouquetés et qui s'épanouissent rapidement ; le *tuffeau* donne des vins plus fermes et plus charnus, qui demandent davantage de temps pour atteindre leur plénitude. Le Bourgueil a une robe rubis profonde, violette quand il est jeune, un merveilleux bouquet de framboises ou, selon certains, de cassis, une saveur franche qui rappelle le Médoc. On peut le boire jeune, à température de cave, un an après le millésime, mais le meilleur peut se garder 10 ans. C'est, avec le Saumur-Champigny et le Chinon, le plus beau rouge de la Loire. Le rosé, rose violacé, possède du charme et de la finesse. Prix C-D.

Chinon AOC

Vins rouge, rosé et blanc sec de vignobles de la rive gauche de la Loire et des deux rives de son affluent, la Vienne. Le blanc, issu du Pineau de la Loire, est franc et fruité, souvent un peu acide, et ne compte que pour 1 % de la production de 5 millions de bouteilles. Le rouge est principalement fait de Cabernet Franc (appelé ici le Breton). Il présente une étroite parenté avec l'autre grand rouge de Touraine, le Bourgueil, dont le vignoble se trouve sur l'autre rive de la Loire. Comme lui, il peut avoir deux styles, plus léger sur le gravier, plus dur sur le *tuffeau*. Teneur alcoolique minimum : 9°5 ; rendement maximum : 40 hl/ha. Le Chinon a une ravissante robe rubis, un arôme de violettes et une fin de bouche franche et fruitée. Un peu plus souple que le Bourgueil, on peut le boire jeune, mais celui de bonnes années ou de vieilles vignes a plus de profondeur et peut attendre. On le boira à température de cave pour en exalter le fruit. Chinon produit un peu de rosé issu du Cabernet Franc, joliment coloré et agréablement sec, qui ne devrait jamais être lourd ou manquer de finesse. L'appellation Chinon, plus connue que celle de Bourgueil et de Saint-Nicolas-de-Bourgueil, est un peu plus chère. Prix C-D-E.

Coteaux du Loir AOC

Vins rouge, rosé et blanc sec sur les deux rives du Loir, au nord de Tours. Ce vignoble, autrefois aussi connu que les autres vignobles tourangeaux, ne compte plus que 20 hectares. Le blanc, issu du Pineau de la Loire, ressemble au Vouvray avec un peu plus d'acidité. Le rouge, issu des Pineau d'Aunis, Gamay, Cabernet et Cot, a une belle couleur et du fruit. Il est bien fait, quoiqu'un peu rustique. Le rosé fait appel aux mêmes cépages et au Groslot à concurrence de 25 %. Teneur alcoolique minimum : 9°5 (rouge) et 10°, dont 9°5 d'alcool, (blanc) ; rendement : 50 hl/ha. Le blanc, étant donné son acidité naturelle, se garde ; le rouge et le rosé se boivent jeunes. Prix C.

Crémant de Loire AOC

Voir sous Anjou, page 139.

Jasnières AOC

Vin blanc d'une appellation enserrée dans les Coteaux du Loir. Cépage : Pineau de la Loire ; teneur alcoolique minimum : 10° ; le rendement maximum vient d'être porté à 50 hl/ha. Ce vin, qui associe délicatesse, finesse et caractère est l'égal, quand il est bon, des meilleurs vins de Touraine dont il se différencie par son arôme de pêche-abricot. Les mauvaises années, il est vert et acide, mais il acquiert les bonnes années un bouquet de miel et de vanille enchanteur. Cette appellation originale est en voie de disparition et le Jasnières, qui est un vin de garde, devient une rareté. Prix D.

Montlouis AOC

Vins blancs sec, demi-sec, moelleux, liquoreux, pétillant ou mousseux, de vignobles de la rive gauche de la Loire, en face du Vouvray. Cépage : Pineau de la Loire, cultivé de la même manière, sur un terrain semblable et vinifié selon les mêmes méthodes que le Vouvray, sous l'appellation duquel il était vendu jusqu'en 1938. Les vins tranquilles, les plus intéressants, ont le frais bouquet de chèvrefeuille propre au Pineau de la Loire, la grande finesse de leur terroir et une fin de bouche fruitée citronnée. On peut les boire peu après le millésime, mais ils peuvent attendre plusieurs années. Le Montlouis est si peu apprécié à sa juste valeur que les négociants ne s'y intéressent pas, sinon pour en faire un vin tumultueux. On le trouve pourtant si on se donne la peine de le rechercher : il le mérite. Prix C-D.

Montlouis Mousseux AOC

Moutlouis tranquille pesant 9°, rendu effervescent par la méthode champenoise, généralement brut, mais aussi sec, demi-sec ou moelleux. Rendement maximum : 55 hl/ha ; production : environ 3,5 millions de bouteilles, soit 5 fois plus que celle du vin tranquille. Comme les autres mousseux de France, il est très populaire. Prix D.

Montlouis Pétillant AOC

Vin blanc moins effervescent que le Montlouis Mousseux, déployant mieux les qualités propres au vin tranquille servant à sa fabrication. Très petite production de ce vin qui fait un superbe apéritif. Prix D.

Rosé de Loire AOC

Voir sous Anjou, page 140.

Saint-Nicolas-de-Bourgueil AOC

Vins rouge et rosé issus généralement du Cabernet Franc, le Cabernet Sauvignon étant aussi autorisé. Même teneur alcoolique et rendement que le Bourgueil dont il ne se différencie pas, encore que certains considèrent qu'il est un peu plus fin. A boire à température de cave. Ce vin atteint sa plénitude en 2 à 5 ans. Prix C-D.

Touraine AOC

Vins rouge, rosé, blancs sec, demi-sec et moelleux des départements de l'Indre-et-Loire, Loir-et-Cher et d'une petite partie de celui de l'Indre. Cépages autorisés pour le rouge : Cabernet Franc (Breton), Cabernet Sauvignon, Cot, Pinot Noir, Pinot Meunier, Pinot Gris, Pineau d'Aunis, Gamay ; pour le rosé : les mêmes plus le Grolleau ; pour le blanc : Pineau de la Loire (Chenin Blanc), Menu-Pineau (ou Arbois), Sauvignon et Chardonnay (limité à 20 %). Teneur alcoolique minimum : 9° (rouge et rosé), 9°5 (blanc) ; rendement maximum : 45 hl/ha.
Le Sauvignon et le Gamay

sont plantés dans l'est de l'appellation. Ces vins rafraîchissants et très fruités sont souvent vendus sous l'étiquette *Sauvignon de Touraine* et *Gamay de Touraine* afin de bénéficier à la fois de la popularité de ces cépages et du renom de l'appellation régionale. Ils remplacent avantageusement les Sauvignon du Centre et les Gamay du Beaujolais, plus chers. Le nom de la commune peut être ajouté à l'appellation si les vins répondent à certains critères de qualité. Production : environ 35 millions de cols. Le style des vins de Touraine dépend davantage du cépage que du terroir. Le Chenin Blanc, qui a beaucoup en commun avec les blancs de Saumur, exprime le mieux son fruit de chèvrefeuille citronné dans les vins de Vouvray. Les rosés sont plus secs et peut-être plus élégants que ceux d'Anjou. Les rouges issus du Breton (Cabernet Franc) sont solides avec beaucoup de bouquet et de fruit, tandis que ceux provenant de cépages moins nobles sont plus ou moins personnalisés. Prix B-C-D.

Touraine-Amboise AOC

Vins rouge, rosé et blanc issus des mêmes cépages, pesant un peu plus que le Touraine tout court (9°5, rouge ; 10°, rosé ; 10°5, blanc). Les blancs, généralement secs, ont une robe pâle, dorée-verdâtre, un fruit souple, une bonne acidité. Ils vieillissent bien et s'accordent avec pâtés et terrines, poisson, viande blanche et fromage de chèvre. Les rosés sont plaisamment fruités. Les rouges sont quelque peu râpeux et acides. Le Touraine-Amboise offre un excellent rapport qualité/prix. Prix C.

Touraine-Azay-le-Rideau AOC

Petite production de vins blanc et rosé. Cépages pour le blanc : Pineau de la Loire ou Chenin Blanc ; pour le rosé : au moins 60 % de Grolleau. Teneur alcoolique minimum : 9° (rosé), 10° (blanc). L'un et l'autre, qui peuvent être légèrement sucrés, sont de bons vins courants, à consommer dans la région pour accompagner un repas léger. Prix C.

Touraine-Mesland AOC

Vins rouge, rosé et blanc sec de la région de Mesland, entre Amboise et Blois. Pesant un degré de plus que le Touraine tout court, il possède davantage de caractère et un style plus affirmé que celui-ci. Les Mesland ont une acidité naturelle légèrement supérieure à celle des Amboise et autant, sinon plus, de personnalité. Cépages : Chenin Blanc, Sauvignon, Cabernet Franc, Cabernet Sauvignon, Gamay, Cot. Vins généralement d'un seul cépage, ceux issus du Chenin et du Cabernet présentant le style Touraine le plus marqué. Prix C.

Touraine Mousseux AOC

Tous les blancs et rosés de l'appellation Touraine peuvent être rendus effervescents par la méthode champenoise. La réglementation précise que les rosés doivent provenir de Bourgueil, Saint-Nicolas-de-Bourgueil ou Chinon. Le Touraine Mousseux est aujourd'hui vendu comme *Crémant de Touraine*, sous l'appellation Touraine. C'est un vin très agréable qui ne vaut toutefois pas le Vouvray. Prix D.

Touraine Pétillant AOC

Vin un peu moins effervescent que le précédent. Comme le Saumur Pétillant, il ne peut être habillé à la champenoise et ne peut en conséquence être consommé que dans la région. Sa teneur alcoolique minimum est de 9°5 avant la fermentation en bouteille. Prix D.

Vouvray AOC

Vin blanc brut, sec, demi-sec, moelleux, liquoreux, pétillant ou mousseux de la rive droite de la Loire, à l'est de Tours. Issu exclusivement du Pineau de la Loire qui, les bonnes années, peut être vendangé tard, atteint par la pourriture noble. Teneur alcoolique minimum : 11°, dont 10° d'alcool acquis, qui donne au vin une bonne charpente sans altérer sa délicatesse et sa finesse ; rendement maximum : 45 hl/ha. Le bon Vouvray sec a l'arôme explosif de chèvrefeuille du Pineau, un fruit franc et une bonne acidité. Les vins plus doux ont un bouquet floral plus intense, un fin de bouche miellée qui rappelle parfois l'abricot. Les blancs secs et demi-secs sont délicieux à l'apéritif et avec les hors-d'œuvre, superbes avec le saumon ou le brochet.

Ils peuvent être bus jeunes mais ils vieillissent admirablement. les vins plus doux seront bus de préférence pour eux-mêmes, ou peut-être pour accompagner un foie gras. Les grandes années, les liquoreux sont aussi voluptueux et complexes que les meilleurs Sauternes et peuvent se garder un demi-siècle. Prix D. (années récentes) ; E-F (grandes bouteilles).

Vouvray Mousseux AOC

Vin blanc de la région de Vouvray pesant 9°5 avant addition de la liqueur de tirage, rendu effervescent par la méthode champenoise. Selon le dosage, il peut être brut, sec, demi-sec et, très rarement, moelleux. Les vins rouges de Vouvray prennent l'appellation Touraine et certains vignerons élaborent un délicieux Touraine Mousseux rosé. Le Vouvray Mousseux est le meilleur remplaçant du Champagne. Prix D-E.

Vouvray Pétillant AOC

Vin blanc de la région de Vouvray, moins effervescent que le précédent. Teneur alcoolique minimum : 9°5 avant la fermentation en bouteille. Comme pour tous les pétillants, les qualités, – ou selon le cas les défauts – du Vouvray Pétillant ne sont pas masqués par l'effervescence, mais au contraire exaltés ce qui le rend particulièrement intéressant. Petite production, généralement consommée dans la région. Prix D.

Cheverny VDQS

Vins rouge, rosé et blanc sec de la région de Cheverny, au sud de Blois, dans le département du Loir-et-Cher. Cette appellation relativement récente (1973) produit des vins de haute qualité au style *vin de la Loire* bien marqué. Cépages pour le blanc : Chenin Blanc, Sauvignon, Menu-Pineau (ou Arbois), Chardonnay et Romorantin (rare et obstinément trop acide pour la plupart des goûts) ; pour le rouge :

Gamay, Cabernet Franc, Cabernet Sauvignon, Pinot Noir et Cot ; pour le rosé : les mêmes que pour le rouge plus Pineau d'Aunis et Pinot Gris. Teneur alcoolique minimum : 9° (rouge et rosé), 9°5 (blanc). Les blancs, plaisants, frais et fruités, se boivent jeunes. Le cépage est habituellement spécifié, le Chenin Blanc évoquant un Touraine léger, le populaire Sauvignon un petit Sancerre. Les rouges et les rosés, pâles et sans beaucoup de corps, doivent être bus jeunes, surtout ceux issus du Gamay. Petite production de mousseux (méthode champenoise) généralement consommée sur place. Les vignerons de cette appellation sont sérieux et justement fiers du statut VDQS de leurs vins qui présentent un excellent rapport qualité/prix. Prix B.

Coteaux du Vendômois VDQS

Vins rouge, rosé et blanc sec de la commune de Vendôme, dans le département du Loir-et-Cher. Cépages pour le blanc : Chenin Blanc et Chardonnay (maximum 20 %) ; pour le rosé : Pineau d'Aunis et Gamay ; pour le rouge : comme pour le rosé plus Pinot Noir et Cabernet Sauvignon. Le vin blanc ne compte que pour 10 % de la production. Le rouge, qui s'habille d'une jolie robe, a un fruit souple et doit être bu jeune. Ce sont d'agréables vins de carafe. Prix B.

Valençay VDQS

Vins rouge, rosé et blanc sec de la région de Valençay, dans le département de l'Indre. L'encépagement pour le blanc peu commun en Touraine : Menu-Pineau (Arbois) pour un minimum de 60 %, Sauvignon, Chardonnay, Pineau de la Loire et Romorantin ; pour le rouge et le rosé : minimum de 75 % de Cabernet Sauvignon, Cabernet Franc, Cot, Gamay et Pineau d'Aunis. Teneur alcoolique minimum : 9° (rouge), 9°5 (blanc et rosé). Le blanc est franc et ferme avec un bon fruit. Son bouquet floral est peut-être moins accentué que celui des autres blancs de Touraine. Le rouge et le rosé constituent 80 % de la production. Ces vins, délicieux bus sur place, paraissent un peu minces en dehors de la région. Prix B.

Vins du Centre et de l'Est

Les vins de ces régions, aussi délicieux et variés que ceux de la partie occidentale de la Loire, ont un style notablement différent. Pour les blancs, le Pineau de la Loire cède la place au Sauvignon ; pour les rouges et les rosés, les Cabernet disparaissent en faveur du Pinot Noir et du Gamay. Au nord, on trouve les vins d'Orléans et de Gien. Plus au sud, dans les Hauts-de-Loire, on rencontre le Sancerre et le Pouilly-Fumé, aussi connus que le Muscadet et le Vouvray, et leurs cadets de Quincy, Reuilly et Ménétou-Salon. En remontant le cours de la Loire et celui de ses affluents, le Cher et l'Allier, on trouve les vins plus simples d'Auvergne et du Bourbonnais, dont le style s'apparente davantage à celui de la Bourgogne qu'à celui de la Loire.

Blanc Fumé de Pouilly ou Pouilly-Fumé AOC

Vin blanc sec de la rive droite de la Loire, autour de Pouilly-sur-Loire, issu exclusivement du Sauvignon, cépage connu localement sous le nom de *Blanc-Fumé.* Teneur alcoolique minimum : 11° ; rendement maximum : 55 hl/ha. Ce vin généralement excellent s'habille d'une robe pâle avec parfois des reflets verts. Il a un bouquet subtil de feuilles de cassis, de groseilles et d'épices et une fin de bouche longue et élégante ; le caractère *fumé* du cépage se retrouve dans l'arôme légèrement musqué du vin. Un peu vert les mauvaises années, il se boit généralement un ou deux ans après le millésime, mais garde sa fraîcheur 4 à 5 ans. Très agréable en apéritif ou avec la viande blanche, il est parfait avec le poisson de rivière. Avec une production moyenne de 3 millions de bouteilles (moins de la moitié de celle du Sancerre), le Pouilly-Fumé est très demandé. Prix D-E.

Ménétou-Salon AOC

Vins rouge, rosé et blanc sec du nord du département du Cher, au nord de Bourges. Cépage pour le blanc : Sauvignon ; pour le rouge et le rosé : Pinot Noir. Teneur alcoolique minimum : 10° (rouge et rosé), 10°5 (blanc) ; rendement maximum : 50 hl/ha (rouge), 55 hl/ha (blanc). Issus d'un même cépage poussant sur un même terrain, les vins de Ménétou-Salon sont parents des Sancerre, avec un caractère un peu moins marqué. La production est faible : 300 000 bouteilles de blanc et 130 000 de rouge et de rosé en moyenne. L'appellation offre un excellent rapport qualité/prix. Prix C-D.

Pouilly-sur-Loire AOC

Vin blanc sec de la même région que le Pouilly-Fumé, mais issu du Chasselas. Teneur alcoolique minimum : 9° ; rendement maximum : 55 hl/ha. Le Chasselas, qui est aussi cultivé en Alsace et en Savoie, donne ici un vin léger, sec, fruité, gouleyant : le parfait vin de comptoir. La prodution de 300 000 bouteilles seulement diminue en faveur du Pouilly-Fumé, plus demandé et plus cher. Ce vin un peu mou, qu'il faut prendre garde de ne pas confondre avec le Pouilly-Fumé, se boit très jeune et très frais, de préférence par un chaud après-midi d'été. Prix D.

Quincy AOC

Vin blanc provenant exclusivement des communes de Quincy et de Brinay, dans le département du Cher. Cépage : Sauvignon ; teneur alcoolique minimum : 10°5 ; rendement maximum : 45 hl/ha. Ce vin, très aromatique est doué d'une grande finesse. Vert avec un fruit de groseille à maquereau les mauvaises années, le Quincy est habituellement plus souple que le Sancerre ou le Pouilly-Fumé, plus typé que ses proches voisins le Reuilly ou le Ménétou-Salon. Peut se garder mais devrait être bu jeune pour son charme. Prix C-D.

Reuilly AOC

Vins rouge, rosé et blanc sec des rives de l'Arnon. Cépages pour le rouge et le rosé : Pinot Noir et Pinot Gris ; pour le blanc : Sauvignon. Teneur alcoolique minimum : 10° (rouge et rosé) ; rendement maximum : 50 hl/ha (rouge), 55 hl/ha (blanc). Le blanc, fruité et aromatique, est un Quincy plus austère. Le rouge et le rosé, plus légers que les Sancerre, ont un intéressant bouquet épicé. Très petite production : 100 000 cols de blanc, 35 000 cols de rouge et de rosé, principalement consommés dans les restaurants de la région où ils font merveille. Prix C-D.

Sancerre AOC

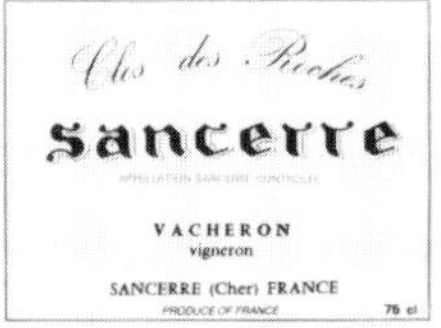

Vins rouge, rosé et blanc sec de Sancerre et des villages avoisinants, sur la rive gauche de la Loire, presque en face de Pouilly-sur-Loire. Le blanc (plus de 80 % de la production), issu uniquement du Sauvignon, doit peser au minimum 10°5 ; rendement maximum : 40 hl/ha. Dans les bonnes années, comme 1982, ce rendement peut être largement dépassé. Son style s'apparente étroitement à celui du Pouilly-Fumé, avec peut-être davantage de fruit et un peu moins d'élégance. Talent du vinificateur mis à part, c'est la nature du terrain qui distingue un Sancerre d'un autre. Les *terres blanches* argilo-calcaires des vignobles de coteaux autour de Chavignol donnent un vin élégant qui peut se garder ; le terrain rocailleux des ondulations autour de Bué donne un vin plus rond, très fruité qui doit être bu jeune ; le terrain fortement calcaire *(caillotte)* autour de Ménétréol donne un vin moins agressivement fruité que celui de Chavignol ou de Bué, doué d'une sobre élégance. A noter que de nombreux Sancerre sont des assemblages des vins de ces diverses provenances. Le Sancerre blanc est un vin absolument délicieux qu'il faut boire jeune (de un à trois ans) avec les hors-d'œuvre, le poisson, la viande blanche et, bien entendu, le fameux *crottin de Chavignol.* Le rouge et le rosé sont issus du Pinot Noir, cépage dominant dans la région avant le phylloxéra, qui n'est plus planté que dans les terrains n'aimant pas le Sauvignon. Le rouge, produit les années donnant assez de couleur, fait songer à un Bourgogne égaré dans la Loire, et est intéressant à découvrir. Quant au rosé, à la robe pâle couleur saumon, il associe le fruit du Pinot Noir à l'acidité du Sauvignon. Prix D-E.

Châteaumeillant VDQS

Vins rouge, rosé et gris du sud du département du Cher. Cépages : Gamay (dominant), Pinot Noir et Pinot Gris. Les vignobles, qui existaient déjà au XIIe siècle, furent détruits par le phylloxéra ; il n'en existe plus que 100 hectares. Teneur alcoolique minimum : 9°5 (rouge), 10° (rosé et gris). Le rouge est très agréable, léger et fruité, avec une robe cerise profonde ; le rosé est sec et fruité ; le gris, particulièrement bon, est fin et délicat. Prix C.

Coteaux du Giennois VDQS

Vins rouge, rosé et blanc de vignobles du Loiret et de la Nièvre, plantés principalement autour de Cosne-sur-Loire et entre Cosne et Gien sur la rive droite de la Loire. Cépages : Sauvignon et Chenin Blanc (blanc), Gamay et Pinot Noir (rouge et rosé). Teneur alcoolique minimum : 9° (rouge), 10° (blanc et rosé). Légers, fruités, secs et rafraîchissants, les vins des Coteaux du Giennois sont de parfaits vins de carafe. Petite production consommée dans la région. Prix B-C.

Côte Roannaise VDQS

Vins rouge et rosé du département de la Loire, dans la région de Renaison et de Roanne. Cépage unique : Gamay. Teneur alcoolique minimum : 9° ; rendement maximum : 40 hl/ha. On trouve des Côte Roannaise de deux styles bien différents : le vin *moderne,* qui rappelle un Beaujolais léger, et le vin *à l'ancienne*, qui s'habille d'une robe colorée très profonde, plus robuste, plus rustique et qui vieillit bien. Le second a tendance à être un plus cher que le premier. L'un et l'autre ont leurs amateurs. Prix C.

Côtes d'Auvergne VDQS

Vins rouge, rosé et blanc sec des régions de Clermont-Ferrand et de Riom, dans le département du Puy-de-Dôme. Ces vins sont classés avec ceux de la Loire, mais ils ont peu en commun avec ceux d'Anjou et de Touraine. Cépages : Chardonnay (blanc, dont la production est presque inexistante), Gamay et un peu de Pinot Noir (rouge et rosé). Teneur alcoolique minimum : 9°5 (rouge), 10° (blanc et rosé) ; rendement maximum : 45 hl/ha. Le rouge et le rosé, qui s'apparentent au Beaujolais, ont un intéressant goût de terroir rappelant la merise et parfois davantage de profondeur que leur cousin. Il faut les boire jeunes et les servir frais. Une grande partie de la production de 2 millions de cols est bue localement, ces vins accompagnant très bien la charcuterie d'Auvergne et changeant agréablement de l'eau de Vichy qui coule non loin. Les meilleures communes peuvent faire figurer leur nom sur l'étiquette après celui de l'appellation : Côtes d'Auvergne-Boudes, Chanturgue, Corent, Mardargues. Tous ces vins sont de parfaits vins régionaux. Prix B-C.

Côtes du Forez VDQS

Vins rouge et rosé de la rive gauche de la Loire, à la latitude de Lyon. Seul cépage autorisé : Gamay. Teneur alcoolique minimum : 9° ; rendement maximum : 40 hl/ha. Ces vins légers, fruités, un peu acide les mauvaises années, mais généralement plaisants, sont de style Beaujolais. Bus jeunes, ils s'accordent parfaitement avec la cuisine régionale, l'acidité fruitée du vin tempérant la richesse des mets. Excellent rapport qualité/prix. Prix B.

Saint-Pourçain-sur-Sioule VDQS

Vins rouge, rosé et blanc sec du département de l'Allier. Classés avec les vins de la Loire, leur encépagement est plutôt bourguignon : pour le blanc : Tressalier (Sacy dans la région de Chablis), Chardonnay, Sauvignon, Aligoté et 10 % au plus de Saint-Pierre-Doré ; pour le rouge et le rosé : Pinot Noir et Gamay. Teneur alcoolique minimum : 9° (rouge), 10° (blanc et rosé) ; rendement maximum : 50 hl/ha. Le blanc est léger, avec une robe jaune verte transparente, un agréable bouquet floral et une saveur délicieuse et rafraîchissante rappelant la pomme. Le style du rouge et du rosé dépend de la proportion relative des deux cépages : ceux qui privilégient le Gamay sont plus légers et s'apparentent étroitement au Beaujolais ; ceux qui contiennent beaucoup de Pinot Noir se rapprochent du Bourgogne. Ils ont un attrayant goût de terroir. Les vignerons de Saint-Pourçain sont déterminés à redonner à leurs vins leur ancienne réputation. Excellent rapport qualité/prix. Prix B-C.

Vins de l'Orléanais VDQS

Vins rouge, rosé, gris (surtout) et blanc sec des deux rives de la Loire, dans la région d'Orléans. Cépages pour le blanc (moins de 10 % de la production) : Pinot Blanc et Chardonnay ; pour le rouge et le rosé : Pinot Noir, Pinot Meunier et Cabernet. Teneur alcoolique minimum : 9° (rouge), 10° (blanc et rosé) ; rendement maximum : 45 hl/ha. Le rouge a un fruit souple (faisant mentir son origine septentrionale) dû à la vinification courte et doit se boire dans l'année suivant le millésime. Le vin le plus connu est le gris issu du Pinot Meunier vendu généralement sous l'étiquette *Gris Meunier d'Orléans ;* il est très aromatique et a un bon fruit. La plupart des vignobles appartiennent à des fermiers dont l'activité principale est autre. Vins à rechercher dans les bistrots d'Orléans, de Chartres ou de Paris. 700 000 bouteilles. Prix B-C.

Vins de Pays

On imaginerait trouver de nombreux vins de pays dans la Loire, pourtant ceux-ci ne représentent que 6 % de la production. Chaque département a son propre vin de pays, mais il existe très peu de Vins de Pays de Zone dans cette immense région. C'est probablement parce que les vignobles de la Loire, parmi les plus anciens de France, ont acquis très tôt leurs appellations régionales et locales respectives. Les Vins de Pays de la Loire proviennent de vignobles extérieurs aux aires d'appellation ou de cépages non traditionnels. Prix A.

Jardin de la France

Le vignoble du Vin de Pays du Jardin de la France est avec plus de 20 millions de bouteilles, le plus grand des trois vignobles produisant des Vins de Pays Régionaux. Des vins rouges, rosés et blancs viennent des départements suivants : Cher, Indre, Indre-et-Loire, Loir-et-Cher, Loire-Atlantique, Loiret, Maine-et-Loire, Deux-Sèvres, Vendée, Vienne et Haute-Vienne, couvrant tout le bassin de la Loire. Les cépages autorisés sont ceux recommandés dans la Loire auxquels s'ajoutent les cépages bourguignons Pinot Noir, Aligoté et Chardonnay. Ces vins sont souvent aussi bons que les VDQS de la région les moins connus. Tous doivent être bus jeunes et même les rouges, surtout les Gamay, à servir de préférence frais.
Treize départements du bassin de la Loire ont droit à leur propre appellation de Vin de Pays, leur production allant de 9000 cols dans la Sarthe à 5 millions en Maine-et-Loire.

Cher

Vins rouge, rosé, gris et blanc sec. Cépages : Gamay et Sauvignon (un peu de Pinot Noir, de Pinot Gris, et de Chardonnay). Les Sauvignon ressemblent au Sancerre, les Gamay à un Beaujolais léger. Tous ces vins ont une acidité rafraîchissante.

Deux-Sèvres

Vins rouge, rosé et blanc sec du nord de ce département dont le sol est généralement trop riche pour la vigne. Ces vins, peu chargés en alcool, sont gouleyants.

Indre

Vins rouge, rosé, gris et blanc sec. Cépages de la Loire y compris Cabernet Sauvignon. Les rouges et les rosés sont les meilleurs, les blancs souvent un peu verts. Les vins issus d'un seul cépage (principalement Gamay) sont identifiés comme tels sur l'étiquette.

Indre-et-Loire

Vins rouge, rosé et blanc sec du cœur du vignoble tourangeau. Les excellents Sauvignon et Gamay de ce département étaient tous classés en Vins de Pays jusqu'à ce que les meilleures communes reçoivent l'appellation Touraine. Le Sauvignon prédomine dans les 3 millions de bouteilles de blanc (un peu de Chenin Blanc et de Chardonnay) donnant un des meilleurs Vins de Pays de la Loire. Les rosés sont délicieux et les rouges ont plus de couleur et de bouquet qu'on ne pourrait le penser.

Loir-et-cher

Vins rouge, rosé et blanc sec de la région de Blois, Chambord et Cheverny. Très grosse production de blancs fruités plutôt verts (Chenin Blanc, Sauvignon), de rouges, rosés et gris (Gamay, Cot, Cabernet Franc). Ces vins ressemblent aux Cheverny et aux Coteaux du Vendômois, les deux appellations VDQS du département.

Loire-Atlantique

Vins rouge, rosé, gris et blanc sec. Ces vins s'apparentent aux Vins de Pays des Marches de Bretagne et du Retz (voir plus bas) et aux Coteaux d'Anceny. Le gros de la production est fait de vins blancs très secs.

Loiret

Vins rouge, rosé, gris et blanc sec du sud du département autour d'Orléans et de Gien. Principaux cépages : Gamay, Pinot Noir, Cabernet et Pinot Noir, Cabernet et Pinot Meunier (rouge, rosé et gris), Sauvignon et Chardonnay (pour un peu de blanc). Petite production de vins légers qui ne voyagent pas et qu'il faut boire sur place.

Maine-et-Loire

Vins rouge, rosé et blanc sec des vignobles angevins. Mêmes cépages que pour l'Anjou (voir p. 136) plus Gamay pour le rouge. Les blancs, nerveux, ont un bouquet citronné ; les rouges et rosés sont secs et fruités.

Nièvre

Vins rouge, rosé et blanc sec. Petite production, surtout de blancs fruités avec beaucoup d'acidité. Les rouges et rosés sont issus du Gamay et du Pinot Noir.

Puy-de-Dôme

Vins rouge, rosé et blanc sec de la région des Côtes d'Auvergne. Petit production, surtout des vins rouges assez plaisants issus du Gamay et du Pinot Noir.

Sarthe

Minuscule production, surtout de blanc issu du Chenin Blanc. Très peu de rouge et rosé (Gamay, Cot et Cabernet Franc). La Sarthe est un des rares départements où la culture de la vigne est en passe de disparaître.

Vendée

Très petite prodution de vin similaire au Vin de Pays des Fiefs Vendéens.

Vienne

Vins rouge, rosé et blanc sec issus des mêmes cépages que les Vins du Haut-Poitou (voir p. 142). Vins légers et fruités.

Vins de Pays de Zone

Coteaux du Cher et de l'Arnon

Vins rouge, rosé, gris et blanc sec de l'Indre et du Cher. Les AOC, les plus connus sont le Reuilly et le Quincy. Cépages pour le rouge, le rosé et le gris : Gamay avec Pinot Noir et Gris ; pour le blanc : Sauvignon, Chardonnay et 30 % au plus de Pinot Blanc. Délicieux vins d'été.

Fiefs Vendéens

Vins rouge, rosé et blanc. Cépages pour le rouge et le rosé : Gamay, Cabernet Franc, Cabernet Sauvignon et Pineau d'Aunis ; pour le blanc : Gros Plant, Chenin Blanc, Sauvignon et Chardonnay. Vins légers, rafraîchissants, sur le point d'obtenir l'appellation VDQS.

Marches de Bretagne

Vins rouge, rosé et blanc sec du sud de la Loire-Atlantique, de l'ouest du Maine-et-Loire et du sud de la Vendée. Cépages pour le blanc (gros de la production) : Muscadet, Folle Blanche, Sauvignon, Chenin Blanc et un peu de Chardonnay ; pour le rouge et le rosé : principalement Gamay et Cot. Ce sont des vins d'été.

Retz

Vins rouge, rosé et surtout blanc du sud-ouest de la Loire-Atlantique et d'une partie de la Vendée. Cépages : Folle Blanche, Chenin Blanc et Sauvignon (blanc) ; Gamay et Cot (rouge et rosé). Vins francs, agréablement frais.

Urfé

Vins rouge, rosé et blanc sec du nord du département de la Loire. Cépages : Chardonnay, Aligoté, Pinot Gris et Viognier (blanc) ; Gamay et Pinot Noir (rouge et rosé). Ces vins ne sont pas sans rappeler les Beaujolais.

Principaux cépages

Le choix des cépages et le *terroir* (sous-sol, sol, climat et exposition) sont les deux facteurs principaux déterminant le style et le caractère du vin. Le troisième, le facteur humain, qui intéresse la viticulture, la vinification, l'élevage et la mise en bouteille, est largement conditionné par les précédents. Le système de *l'appellation*, (voir p. 12), qui codifie la relation entre les cépages et le terroir, réglemente la plupart des conditions de production des vins. D'autre part, les *cépages nobles*, qui possèdent un caractère et une qualité bien définis, sont transplantés hors de leur région d'origine, où ils donnent naissance à des vins typés d'excellente qualité.

Cépages Nobles (rouge)

Cabernet Sauvignon
Principal cépage du Médoc, présent dans les Graves, les Saint-Emilion et le Sud-Ouest. Donne une couleur intense, un arôme complexe et des vins qui se bonifient lentement.

Cabernet Franc
Parfait compagnon du précédent dans le Bordelais, notamment les Graves, il s'épanouit dans la Loire. Il donne des vins souples et élégants à l'arôme de violette ou de framboise.

Merlot
Cépage très répandu, composant du Bordeaux, dominant dans le Saint-Emilion et le Pomerol, associé aux Cabernet dans le Médoc. Donne des vins riches, corpulents et fruités.

Pinot Noir
Cépage traditionnel en Bourgogne, Champagne (vinifié *en blanc*) et Alsace. Donne un élégant arôme de fraise et de cassis, des vins qui se font vite.

Syrah
Principal cépage des grands vins du Rhône septentrional, planté dans le Rhône méridional et en Provence. Donne des vins colorés, tanniques, très fruités, se bonifiant en vieillissant.

Mourvèdre
Cépage principal du Bandol, important composant du Châteauneuf-du-Pape. Donne des vins à la robe profonde, austères, se faisant lentement. Ce cépage est le parfait compagnon du Grenache.

Grenache
Cépage dominant de la vallée du Rhône, donnant des vins charnus, très colorés. On en fait des vins doux naturels dans le Rhône et le Roussillon et on s'en sert pour améliorer d'autres vins. Il perd ses qualités au-delà de 50 hl/ha.

Gamay
Donne des vins violacés, fruités, à boire jeunes. Maître du Beaujolais et venant bien dans la Loire.

Cépages Nobles (blanc)

Chardonnay
Cépage des grands blancs de Bourgogne et des *blanc de blancs* de Champagne. Donne des vins à la robe or pâle, aux arômes riches, merveilleusement équilibrés, qui se bonifient avec l'âge.

Chenin Blanc ou Pineau de la Loire
Donne les meilleurs vins de Touraine et d'Anjou, du plus sec au moelleux et au liquoreux. Accepte bien la pourriture noble.

Sémillon
Domine dans les grands vins liquoreux de Bordeaux, participe aux Graves et est présent dans tout le Sud-Est. Vinifié *en sec*, il donne un fruit souple et discret et des vins qui exigent des années pour s'épanouir.

Sauvignon
Cépage très adaptable, admirable dans la Loire (Sancerre, Pouilly-Fumé), rivalisant avec le Sémillon dans le Bordelais. Donne un vin agressivement fruité avec un bouquet marqué de cassis-groseille et une bonne acidité.

Riesling
Le plus beau cépage blanc avec le Chardonnay. Il est décrit, avec les autres cépages alsaciens (voir page 31).

Viognier
Planté uniquement dans le nord de la vallée du Rhône où il donne le Château Grillet et le Condrieu, vins d'une grande finesse et très aromatiques avec une fin de bouche sèche. Peut participer à l'appellation Côte-Rôtie.

Autres Cépages rouges

Carignan
Dominant dans le Midi où il donne des vins très foncés, corsés, avec une certaine amertume et manquant de finesse.

Cinsault (**Cinsaut**)
Très répandu dans le Rhône méridional, en Provence et dans le Midi, moyennement coloré, souple avec un bon fruit et une bonne acidité, il participe, notamment avec le Grenache, à l'élaboration des rouges. Sa contribution est essentielle pour celle des rosés.

Counoise
Participe au Châteauneuf-du-Pape et aux vins du Midi.

Cot ou Malbec
Appelé aussi Auxerrois à Cahors où il domine et à Pressac dans le Saint-Emilionnais. Généralement associé dans le Sud-Ouest et la Loire à d'autres cépages pour sa couleur et son tanin.

Fer ou Fer-Servadou
Important cépage indigène du Sud-Ouest où il donne des vins très colorés, solidement charpentés, un peu rustiques.

Gamay Teinturiers
Le Gamay dont est issu le Beaujolais a une pulpe incolore comme tous les raisins noirs donnant des vins rouges de qualité. Le jus du Gamay Teinturiers est rouge et sert à colorer les vins ordinaires et quelques vins de pays.

Groslot ou Grolleau
Planté surtout dans la Loire, il est principalement vinifié *en rosé*, en Anjou et en Touraine.

Mondeuse
Cépage traditionnel de Savoie et du Bugey, donnant des vins couleur rubis avec du corps et du bouquet.

Niellucio
Cépage indigène de Corse où il participe majoritairement à l'excellent Patrimonio.

Petit Verdot
Ne se trouve guère que dans le Médoc où il participe aux appellations communales. Ne mûrit que les bonnes années et donne au vin couleur et tanin.

Pineau d'Aunis
Cépage de Touraine et d'Anjou où il participe à l'élaboration des rouges et donne surtout, vinifié seul, les excellents rosés de la Loire.

Pinot Meunier ou Gris Meunier
Cépage de la famille des Pinot donnant le *Vin Gris d'Orléans*. C'est un des trois cépages autorisés pour le Champagne.

Poulsard
Cépage spécifiquement jurassien donnant un vin à la robe pâle, plus proche d'un rosé que d'un rouge.

Sciacarello
Cépage corse donnant d'excellents vins avec du corps et du fruit, Particulièrement à l'aise dans le sud de l'Ile.

Tannat
Cépage du Sud-Ouest où il joue un grand rôle dans le Madiran. Très foncé, robuste et tannique.

Trousseau
Cépage jurassien donnant des vins très colorés, de longue garde. Il s'associe au Poulsard et au Pinot Noir.

Autres Cépages Blancs

Aligoté
Cépage bourguignon traditionnel donnant un vin léger et sec avec une acidité assez élevée. S'épanouit à Bouzeron, en Saône-et-Loire.

Altesse
Cépage de Savoie et du Bugey où il donne des vins fermes, secs, très aromatiques.

Auxerrois
Cépage de la famille des Pinot, appelé Clevner en Alsace où il donne des vins fermes et aromatiques sans beaucoup de finesse.

Bourboulenc
Cépage du sud rencontré dans les Côtes du Rhône méridionales, dans le Midi et dans le Minervois où on l'appelle Malvoisie. Il donne de bons vins aromatiques, ayant peu d'acidité, s'oxydant vite et demandant donc à être bus très jeunes.

Chasselas
Plus connu comme raisin de table, ce cépage donne, en Alsace, en Savoie et à Pouilly-sur-Loire, d'agréables vins fruités à boire promptement.

Clairette
Cépage traditionnel des Côtes du Rhône et du Midi donnant des vins capiteux et aromatiques qu'il faut boire jeunes.

Colombard
Cépage du Sud-Ouest, il donne des vins fruités et sans complications. Il est un des principaux cépages utilisés pour la production de l'Armagnac.

Folle Blanche
Cépage utilisé pour la distillation du Cognac et de l'Armagnac. Donne, vinifié seul, un agréable vin blanc, notamment en Loire-Atlantique où on l'appelle Gros Plant.

Jacquère
Un des cépages de base du Vin de Savoie, donnant légèreté, bouquet fumé, fruité nerveux et agréable acidité.

Maccabéo
Très répandu dans le Roussillon où il donne des vins blancs corsés, aromatiques et corpulents.

Marsanne
Devenu le cépage blanc le plus répandu dans les Côtes du Rhône septentrional, aussi planté dans les Côtes méridionales. Donne des vins fins, bouquetés et corpulents, dont le plus bel exemple est l'Hermitage.

Mauzac ou Blanquette
Cépage traditionnel du Sud-Ouest, autour de Gaillac et de Limoux. Donne un vin léger et frais avec un nez de pomme, excellent pour l'élaboration de mousseux.

Melon ou Muscadet
Melon de Bourgogne, originaire de cette région, transféré dans la Loire-Atlantique où il s'appelle Muscadet et donne un vin pointu à touche musquée.

Muscadelle
Un des trois cépages des grands vins liquoreux du Bordelais et du Sud-Ouest (avec le Sémillon et le Sauvignon) à l'élaboration desquels il participe en petite proportion en raison de son bouquet musqué capiteux.

Muscat à Petits Grains
Un des cépages des *vins doux naturels.*

Pinot Blanc
Membre de la famille des Pinot, encore planté en Bourgogne, bien qu'il soit inférieur au Chardonnay, avec lequel il n'a aucune parenté. Ce cépage s'épanouit en Alsace où il donne des vins équilibrés et fruités à boire jeunes ou à laisser vieillir. On l'y appelle Clevner, comme l'Auxerrois avec lequel il est souvent confondu.

Roussanne
Cépage traditionnel du Rhône septentrional donnant plus d'arôme et de finesse que la Marsanne qui la remplace de plus en plus, son rendement quantitatif étant plus élevé.

Savagnin
Cépage que l'on ne trouve que dans le Jura où il donne des vins très originaux, corpulents, avec un bouquet rappelant le Sherry.

Ugni Blanc
Cépage très répandu dans le Sud, où il produit une quantité considérable de vins peu compliqués possédant un joli bouquet et une acidité suffisante si le raisin est récolté assez tôt. Connu comme *Saint-Emilion* en Charente où on en tire un *vin de chauffe* pour le Cognac.

Vermentino
Cépage originaire de Provence surtout rencontré en Corse où on l'appelle Malvoisie. Il donne des vins aromatiques ayant beaucoup de corps.

Où et comment acheter des vins régionaux

L'éventail des vins régionaux proposés dans le commerce de détail s'est considérablement élargi depuis cinq ans, à Paris et dans les autres grandes villes de France et de l'étranger. La formation de clubs offrant à leurs adhérents la possibilité d'acquérir des vins sélectionnés et l'intérêt nouveau des supermarchés pour leur rayon de vins ont incité les détaillants spécialisés à enrichir la gamme de leurs produits. Le consommateur bénéficie de la compétition qui s'est ainsi établie, d'autant plus que, dans le même temps, les vins eux-mêmes ont été améliorés.

Ce guide fournit, pour des centaines de vins, des renseignements sur leur origine géographique, les cépages entrant dans leur composition, leur style, leur usage et leur prix. Il s'agit maintenant de savoir où et comment se les procurer. Les possibilités sont multiples, de l'épicerie de quartier à l'hypermarché, du club d'achat par correspondance aux caves spécialisées, préférables aux précédents, et, si l'on dispose de temps, de bonnes adresses et du véhicule indispensable, les vignerons et les Caves Coopératives. Seuls les authentiques professionnels – producteur ou cave spécialisée – connaîtront le vin proposé pour l'avoir goûté, sauront en parler, le stockeront dans de bonnes conditions et accepteront, le cas échéant, de remplacer les bouteilles défectueuses.

Où que vous achetiez votre vin, il est indispensable de le goûter avant d'en acquérir un certain nombre de bouteilles. N'emportez donc qu'une bouteille de chaque vin et dégustez-les avant de fixer votre choix. Evitez d'encaver une grande quantité de vin blanc léger ou de rouge à boire jeune et, si vous ne disposez pas d'une cave convenable, n'achetez pas de vin de garde : au moment où il devrait avoir atteint sa plénitude, ils vous donnera l'impression d'être déjà trop vieux.

Le choix d'un vin sera nécessairement un compromis entre vos désirs, éclairés par la dégustation, et vos possibilités financières. Le prix du vin obéit à la loi de l'offre et de la demande et varie, dans une certaine mesure, avec le millésime. Les vins régionaux proposés sont généralement du millésime le plus récent, et c'est heureux car ils ne gagnent habituellement rien à vieillir ; en cas de doute, consultez une revue spécialisée ou interrogez votre fournisseur. N'oubliez pas qu'un *vin à la mode* sera probablement plus cher qu'il ne vaut. Un Sauvignon de Touraine pourra, par exemple, remplacer avantageusement un Sancerre ; un Gamay du Lyonnais, un Beaujolais ; un Crémant de Bourgogne ou de la Loire, un Champagne. Aujourd'hui, les blancs de la Loire, du Bordelais et d'Alsace, les rouges du Rhône méridional, du Bordelais ou du Sud-Ouest, offrent un excellent rapport qualité/prix (les rosés, sauf les plus prestigieux, ne devraient jamais être chers) ; il en est de même des Vins de Pays, mais ceux-ci sont si nombreux qu'il vaut mieux choisir votre fournisseur avec discernement que de vous laisser guider par l'étiquette.

On se plaint souvent que les vins régionaux voyagent mal. La faculté pour un vin de « bien voyager », de paraître aussi bon à l'autre bout du pays que dans la région de production, dépend de deux facteurs : sa teneur alcoolique et l'image qu'en a le consommateur. Les vins pesant peu, disons moins de 10°, voyagent mal car ils sont trop fragiles. C'est le cas par exemple des vins du Bugey, tandis qu'un robuste Corbières, pesant 11 à 13° supportera admirablement le transport. L'image d'un vin dépend souvent de sa notoriété : ainsi, les Bordeaux, de réputation internationale, « voyageront » bien, tandis que les vins moins connus seront habituellement associés, dans l'esprit du consommateur, au *goût du terroir* et à la cuisine régionale. Un Bourgueil semblera meilleur dans la Loire avec la cuisine tourangelle qu'à l'autre bout du monde avec un steack ; un rosé de Provence bien frais sera merveilleux avec une salade niçoise au soleil de Saint-Tropez, mais semblera moins intéressant sous un clair de lune à Maubeuge. Cette réaction est purement subjective, mais elle participe au plaisir que l'on retire d'un vin. L'ambiance locale pourra faire des merveilles à un vin ordinaire, qui sera probablement vraiment ordinaire loin de son lieu d'origine.

Ici en France, où le vin n'a souvent à voyager que du chais du vigneron au village le plus proche, il faut saisir toutes les occasions de goûter les Vins de Pays. Si un vin servi dans un restaurant vous a plu, le patron se fera un plaisir de vous indiquer l'adresse du vigneron ou de la Cave Coopérative où vous le procurer.

Les vins et les mets

Apéritifs	Fruits de mer	Poisson	Charcuterie Foie gras	Viande blanche Volaille grillée	Viande rouge	Viande rouge en sauce
●	●	●	●	●		
●		○	○	○		
●		○	●	●		
		○	●	●	●	●
			●	●	●	●
●	○	●	○	●		
●			○			

Ordre de succession des vins

1. Le blanc ou le rosé avant le rouge, à moins que le blanc ne soit un vin de dessert (sinon l'acidité du blanc, déjà plus marquée, serait amplifiée après le rouge).
2. Le blanc sec avant le blanc moelleux, de même pour le rosé (sinon la saveur sucrée du second masquerait celle, plus délicate, du premier et accentuerait son acidité).
3. Le rouge léger avant le plus robuste (celui-ci ferait paraître l'autre trop mince et insipide).
4. Le jeune avant le vieux (le jeune n'est généralement pas complexe, alors que le vin de garde gagne en complexité avec l'âge). On peut se risquer à boire un verre rafraîchissant de vin rouge jeune – Beaujolais par exemple – après un vin vieux.
5. Mousseux brut ou sec au début du repas, demi-sec ou doux à la fin (l'acidité des premiers est agréable en apéritif ; elle donnerait une impression de verdeur avec un dessert sucré).
6. Graduez la qualité, le vin le plus prestigieux après les autres, à l'apogée ou vers la fin du repas.

Clé : ● = excellent mariage ○ = mariage acceptable

Gibier	Desserts	Fromages	Vins	Vins recommandés
		○	Blanc sec	Vin de pays, Gros Plant, Alsace, Bordeaux (Graves, Entre-Deux-Mers), Saumur, Muscadet, Sancerre, Bourgogne, Côtes du Rhône, Savoie
	●		Blanc moelleux ou liquoreux	Bordeaux liquoreux (Sauternes, Barsac), Coteaux du Layon, Vouvray, Alsace (Gewürztraminer), Monbazillac, Jurançon
○	○	○	Rosé	Vin de pays, Côtes de Provence, Touraine, Rosé de Loire, Côtes du Rhône (Lirac, Tavel), Rosé d'Anjou, Cabernet d'Anjou, Arbois, Béarn
●		●	Rouge léger	Vin de pays (jusqu'à 11°), Bordeaux (Graves, Médoc), Beaujolais, Côtes de Beaune, Mâcon, Bergerac, Chinon, Bourgueil, Saumur Champigny, Corbières, Minervois, Costières du Gard, Coteaux du Languedoc, Gaillac
●		●	Rouge corpulent	Vin de pays (plus de 11°), Côtes du Rhône, Bourgogne (Côtes de Nuits), Bordeaux (Saint-Emilion, Pomerol), Fitou, Côtes du Roussillon, vins corses, Cahors
	○	○	Mousseux et Champagne	Clairette de Die, Blanquette de Limoux, Crémant d'Alsace, Crémant de Bourgogne, Crémant de Loire, Gaillac, Champagne
	●	○	Vin doux naturel	Maury, Rivesaltes, Rasteau, Banyuls, Muscat

Température de dégustation

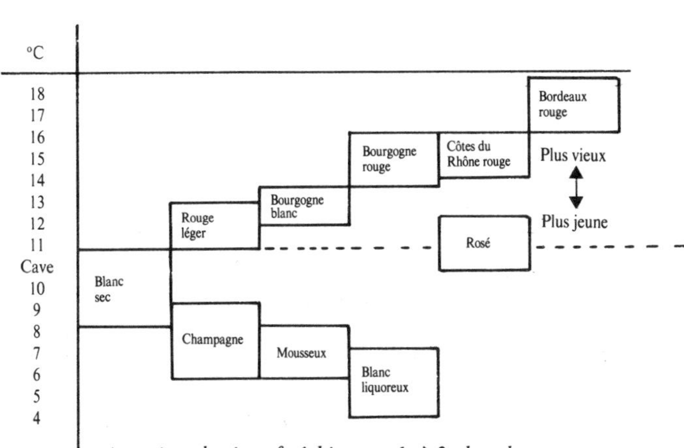

Attention : le vin rafraîchi gagne 1° à 2° dans le verre.

Cotation des millésimes

Classification

0-9 Médiocre	14-15 Bon
10-11 Passable	16-18 Très bon
12-13 Assez bon	19-20 Exceptionnel

		1970	**71**	**72**
Bordeaux rouge	Médoc/Graves	19	17	11
	Saint-Emilion/Pomerol	19	18	10
Bordeaux blanc	Sauternes/Graves	17	17	11
Bourgogne rouge	Côte de Nuits	14	17	16
	Côte de Beaune	14	16	15
Bourgogne blanc		16	16	12
Beaujolais		16	16	12
Côtes du Rhône	rouge	16	14	14
(Nord)	blanc	16	15	10
Côtes du Rhône (Sud)		14	16	14
Provence		15	15	11
Alsace		15	19	10
Loire	Muscadet/Anjou	14	15	10
	Touraine blanc	17	15	9
	Touraine rouge	17	15	9
	Sancerre/Pouilly-Fumé	14	19	8

Profil des bouteilles

A – Côtes du Rhône
B – Châteauneuf-du-Pape
C – Bordeaux Blanc
D – Bordeaux Rouge
E – Alsace
F – Bourgogne Blanc
G – Bourgogne Rouge
H – Occitane

73	74	75	76	77	78	79	80	81	82	83
13	13	18	15	13	19	17	14	17	19	17
13	13	18	16	13	18	18	13	16	19	16
13	11	17	17	12	14	16	15	17	15	14
13	13	5	17	10	19	15	15	13	14	17
13	12	7	17	11	19	16	13	13	13	15
16	13	14	16	13	18	16	12	17	17	17
16	12	13	17	8	19	15	12	16	14	18
13	14	9	16	13	20	16	15	13	15	19
14	15	8	17	14	17	18	17	17	18	17
13	12	10	16	11	18	16	15	15	12	15
12	15	18	11	14	18	15	16	17	16	16
17	14	16	18	12	17	16	13	17	14	20
14	10	14	17	11	16	14	13	15	14	16
13	11	14	17	10	16	14	12	17	14	16
13	12	13	19	10	15	14	11	13	15	16
16	14	16	18	12	17	15	15	16	13	14

I – Véronique
J – Hollandaise
K – Champenoise
L – Côtes de Provence *(négociant)*
M – Côtes de Provence *(vigneron)*
N – Corse
O – Litre

Glossaire

Alcool acquis. Teneur alcoolique réelle du vin.
Alcool en puissance. Teneur alcoolique potentielle du vin.
AOC. Appellation d'origine contrôlée (voir p 12).
Appellation communale. Autorisée pour une commune donnée, par exemple Pauillac, où l'on trouve différents *crus*.
Assemblage. Mélange de vins de même origine.
Brut. Voir *liqueur d'expédition.*
Cépage noble. Se dit d'un cépage qui possède un caractère et des qualités bien définis, toujours présent dans certains des vins les plus prestigieux.
Chambré. Autrefois « porté à la température de la chambre » 17 à 18°.
Chaptalisation. Addition de sucre dans le moût pour augmenter le degré alcoolique du vin.
Coupage.Mélange de vins d'origine différente.
Crémant. Vin tumultueux moins effervescent qu'un *mousseux,* davantage qu'un *pétillant.* Pression dans la bouteille : 3 à 4 atmosphères.
Cru. Vignoble classé selon son emplacement ou sa réputation : *grand cru, 1er, 2e cru.., cru bourgeois.*
Débourrement. Eclosion des bourgeons.
Demi-sec. Intermédiaire entre *sec* et *moelleux.* De 4 à 10 g de sucre résiduel par litre.
Dosage. Voir *liqueur d'expédition.*
Doux. Voir *liqueur d'expédition.*
En blanc. Méthode de vinification du raisin noir pour obtenir un vin blanc.
En sec. Méthode de vinification pour obtenir un vin blanc sec où il est traditionnellement moelleux.
Générique. Vin *AOC* régional sans *appellation communale* ou *cru* déterminé.
Kir. Vin blanc sec additionné de liqueur de cassis.
Kir royal. Mousseux ou Champagne additionné de liqueur de cassis.
Liqueur d'expédition. Sucre dissous dans du vin que l'on ajoute dans la bouteille de *mousseux* pour l'adoucir : 1,5 % = brut ; 5 % = demi-sec ; 10 % = doux.
Liqueur de tirage. Sucre ajouté au *vin tranquille* pour provoquer la fermentation en bouteille afin de le rendre effervescent.
Liquoreux. Vin contenant plus de 40 g de sucre résiduel par litre (ex. : le Sauternes).
Macération carbonique. Vinification de grains entiers commencée en cuve close, donnant des vins aromatiques et souples à boire jeunes (Beaujolais et, plus récemment, Loire et Midi).
Méthode champenoise. Addition de sucre au *vin tranquille* pour le rendre effervescent (voir *liqueur de tirage*).
Méthode rurale. Antérieure à la *champenoise,* cette méthode ne fait pas appel à une addition de *liqueur de tirage,* le sucre résiduel contenu dans le vin poursuivant sa fermentation dans la bouteille (Die, Gaillac, Limoux, etc.).

On dit aussi *méthode dioise* ou *gaillacoise*.
Moelleux. Vin intermédiaire entre le *demi-sec* et le *liquoreux*. De 20 à 40 g de sucre résiduel par litre.
Mousseux. Vin effervescent à la mousse abondante. Pression dans la bouteille 4 à 6 atmosphères (c'est le cas du Champagne).
Perlant. Vin blanc ou rosé mis en bouteille à la sortie de la cuve de fermentation sans être dégazé par soutirage, ce qui donne un léger picotement sur la langue *(mis en bouteille sur lie* ou *mis sur lie)*.
Pétillant. Vin à la mousse discrète, moins effervescent que le *Mousseux*. Pression dans la bouteille : 2 à 3 atmosphères.
Mutage. Arrêt de la fermentation par addition d'alcool (voir VDN p. 101).
Ouillage. Addition de vin dans un fût pour compenser l'évaporation.
Phylloxéra. Puceron originaire d'Amérique qui détruisit le vignoble français à partir de la fin du XIXe siècle.
Pourriture noble. *Botrytis cirenea*, pourriture brune de la peau du raisin de vendange tardive, notamment dans le Bordelais, le Sud-Ouest et la Loire, essentielle à l'élaboration des grands *liquoreux*.
Primeur. Vin souple et fruité de cuvaison courte, à boire promptement. Le Beaujolais *primeur* est expédié deux mois après les vendanges.
Sec. Vin contenant moins de 4 g de sucre résiduel par litre.
Sucre résiduel. Sucre non transformé en alcool subsistant dans la bouteille.
Sur lie. Voir *perlant*.
Température de cave. 10 à 12°.
Terroir. Combinaison du sol, du sous-sol, du climat et de l'exposition. Donne au vin, avec le cépage, sa personnalité et son âme.
Tris ou Tries. Cueillette du raisin atteint de la *pourriture noble*, grain par grain, répétée à plusieurs reprises jusqu'à achèvement de la vendange *(vin liquoreux)*.
Tuffeau. Tuf calcaire poreux (Saumurois, Touraine).
VDQS. Vin Délimité de Qualité Supérieure (voir p. 12).
Vin de base. *Vin tranquille* servant à l'élaboration des vins effervescents.
Vin de café. Vin rouge léger, peu coloré, peu alcoolisé.
Vin de carafe. Vin courant pour la consommation quotidienne.
Vin de comptoir. Vin sans prétention servi dans les cafés.
Vin de garde. Vin se bonifiant avec le passage du temps ; ne devrait pas se boire jeune.
Vin de Pays. Dernière née des appellations (voir p. 14 à 17).
Vin de Table. Vin de consommation courante, soumis à certaines règles ; généralement mélange de vins d'origine non spécifiée, vendu sous un nom de marque.
Vin tranquille. Vin non effervescent.
Vinage. Adjonction d'alcool à un vin ou un moût, pratique interdite pour tous les vins sauf les *vins doux naturels* (voir p. 101)
Vin doux naturel. Vin dont la fermentation a été arrêtée par adjonction d'alcool. Cette méthode de vinification est appelée *mutage*.

Organismes vinicoles interprofessionnels

Ces organismes mixtes, réunissant des délégués des producteurs et des négociants et des représentants de l'administration, jouent un rôle important à tous les stades de la production et de la distribution du vin. Une de leurs missions est l'information des consommateurs ; la plupart disposent d'un secrétariat et publient des brochures, des cartes et d'autres documents. Quiconque s'intéresse particulièrement aux vins d'une région donnée ou désire obtenir l'adresse d'un vigneron s'adressera avantageusement à l'organisme régional intéressé.

Alsace

C.I.V.A., Comité interprofessionnel des vins d'Alsace, 8, place de-Lattre-de-Tassigny, 68003 Colmar Cedex.

Beaujolais

U.I.V.B., Union interprofessionnelle des vins du Beaujolais, 210, boulevard Vermorel, 69400 Villefranche-sur-Saône.

Bourgogne/Mâcon

C.I.B.M., Comité interprofessionnel des vins de Bourgogne et Mâcon, Maison du tourisme, avenue du Maréchal-de-Lattre-de-Tassigny, 71000 Mâcon.

Côte-d'or/Yonne

C.I.B., Comité interprofessionnel de la Côte-d'Or et de l'Yonne pour les vins A.O.C. de Bourgogne, rue Henri-Dunant, 21200 Beaune.

Bordeaux

C.I.V.B., Conseil interprofessionnel du vin de Bordeaux, 1, cours du 30 Juillet, 33000 Bordeaux.

Bergerac

C.I.V.R.B., Comité interprofessionnel des vins de la région de Bergerac, 2, place du Docteur-Cayla, 24100 Bergerac.

Champagne

C.I.V.C., Comité interprofessionnel du vin de Champagne, B.P. 135, 51204 Épernay Cedex.

Côtes de Provence

C.I.V.C.P., Comité interprofessionnel des vins des Côtes de Provence, 3, avenue Jean-Jaurès, 83460 Les-Arcs-sur-Argens.

Côtes du Rhône

C.I.C.D.R., Comité interprofessionnel des vins des Côtes du Rhône, Maison du tourisme et du vin, 41, cours Jean-Jaurès, 84000 Avignon.

Fitou/Corbières/ Minervois

Conseil interprofessionnel des vins de Fitou, Corbières et Minervois, R.N. 113, 11200 Lézignan-Corbières.

Gaillac

C.I.V.G., Comité interprofessionnel des vins de Gaillac, 8, rue du Père-Gibrat, 81600 Gaillac.

Pays Nantais

C.I.V.O.P.N., Comité interprofessionnel des vins d'origine du Pays Nantais, 17, rue des États, 44000 Nantes.

Touraine

C.I.V.T., Comité interprofessionnel des vins de Touraine, 19, square Prosper-Mérimée, 37000 Tours.

Anjou/Saumur

C.I.V.A.S., Conseil interprofessionnel des vins d'Anjou et de Saumur, 21, bd Foch, 49000 Angers.

Vins Doux Naturels

C.I.V.D.N., Comité interprofessionnel des vins doux naturels, 19, avenue de Grande-Bretagne, 66000 Perpignan.

Corse

Groupement interprofessionnel des vins de l'Ile de Corse, 6, rue Gabriel-Péri, 20000 Bastia.

Bibliographie

Académie du Vin (Spurrier, Steven et Dovaz, Michel) *La Dégustation,* Bordas, Paris, 1984.

Blanchet, Suzanne *Les Vins du Val de Loire,* Jema S.A., Saumur, 1982.

Bréjoux, Pierre *Les Vins de la Loire,* Société française d'éditions vinicoles, Paris, 1974.

Brunel, Gaston *Guide des Vignobles et des Caves des Côtes du Rhône,* J.-C. Lattès, Paris, 1980.

Debuigne, Gérard *Dictionnaire Larousse des Vins,* Larousse, Paris, 1969.

Dovaz, Michel *Les Grands Vins de France,* Julliard, Paris, 1979.

Johnson, Hugh *L'Atlas Mondial du Vin,* Laffont, Paris, 1977.

Lamalle, Jacques *Les Côtes du Rhône,* Balland, Paris, 1982.

Lichine, Alexis *Encyclopédie des vins et des alcools,* Laffont, Paris, 1980.

Peynaud, Emile *Le Goût du vin,* Dunod, Paris, 1980.

Puisais, Jacques *Le Vin se met à table,* Marcel Valtat, Paris, 1981.

Schoonmaker, Frank et Saint Roche, Christian *Guide Marabout des Vins de France et du monde entier, Marabout,* Paris, 1981.

Woutaz, Fernand *Dictionnaire des Appellations,* Litec, Paris, 1982.

Index des vins

Pour faciliter la consultation de l'index, l'ordre alphabétique rigoureux a parfois été abandonné au profit de la *lettre-guide,* plus logique : de l'Ain figure avant Vin de Pays de la Dordogne ; Côte d'Agly avant Côtes-de-Brouilly. VP = Vin de Pays.

A
Agenais, VP, 130
Alsace AOC, 29
Alsace Grand Cru AOC, 32
Anjou AOC, 136
Anjou Coteaux de la Loire AOC, 137
Anjou Gamay AOC, 137
Anjou Mousseux AOC, 137
Arbois AOC, 23
Arbois Mousseux AOC, 23
Arbois Pupillin AOC, 23
Ardaillon VP, 86
Argens VP, 76
Auxey-Duresses AOC, 42
Ayse (Vin de Savoie), 27

B
Balmes Dauphinoises VP, 28
Bandol AOC, 72
Banyuls AOC, 101
Banyuls Grand Cru AOC, 101
Banyuls Rancio AOC, 101
Barsac AOC, 106
Béarn AOC, 119
Beaujolais AOC, 50
Beaujolais Supérieur AOC, 50
Beaujolais-Villages AOC, 51
Beaumes-de-Venise AOC, 62
Bénovie VP, 86
Bérange VP, 86
Bergerac AOC, 119
Bergerac sec AOC, 120
Bessans VP, 86
Blanc Fumé de Pouilly AOC, 150
Blanquette de Limoux AOC, 89
Blaye ou Blayais AOC, 111
Bonnezeaux AOC, 137
Bordeaux AOC, 104
Bordeaux Clairet AOC, 104
Bordeaux Mousseux AOC, 105
Bordeaux Rosé AOC, 105
Bordeaux Supérieur AOC, 105
Bordeaux Supérieur-Côtes de Castillon AOC, 106
Bordeaux Supérieur-Côtes de Francs AOC, 106
Bordeaux Supérieur-Haut-Bénauge AOC, 106
Bourg-Bourgeais AOC, 112
Bourgogne AOC, 36
Bourgogne Aligoté AOC, 37
Bourgogne Aligoté de Bouzeron AOC, 45
Bourgogne Clairet AOC, 37
Bourgogne Grand Ordinaire AOC, 37
Bourgogne Hautes-Côtes-de-Beaune AOC, 43
Bourgogne Hautes-Côtes-de-Nuits AOC, 40
Bourgogne Irancy AOC, 39
Bourgogne Passe-Tout-Grains AOC, 38
Bourgogne Rosé AOC, 38
Bourgogne Rosé de Marsannay AOC, 41
Bourgogne Rouge de Marsannay AOC, 41
Bourgueil AOC, 143
Brouilly AOC, 51
Bugey VDQS, 27

C
Cabardès VDQS, 89
Cabernet d'Anjou AOC, 138
Cabernet de Saumur AOC, 138
Cabrières VDQS, 82
Cadillac AOC, 107
Cahors AOC, 120
Cairanne AOC, 63
Canon Fronsac AOC, 113
Cassan VP, 86
Cassis AOC, 72
Catalan VP, 97
Caux VP, 86
Cérons AOC, 107
Cessenon VP, 86
Chablis AOC, 39
Charentais VP, 130
Chasselas (Alsace), 29
Château-Chalon AOC (Vin jaune), 24
Châteaumeillant VDQS, 152
Châteauneuf-du-Pape AOC, 61
Châtillon-en-Diois AOC, 59
Cheilly-lès-Maragnes AOC, 43
Chénas AOC, 52
Cher VP, 155
Cheverny VDQS, 148
Chinon AOC, 143
Chiroubles AOC, 52
Chorey-lès-Beaune AOC, 43
Chusclan AOC, 63
Clairet de Marsannay, 41
Clairette de Bellegarde AOC, 78
Clairette de Die AOC, 59
Clairette du Languedoc AOC, 81
Clairette du Languedoc Rancio AOC, 81
Clevner (Alsace), 30
Collines de la Moure VP, 86
Collines rhodaniennes VP, 68
Collioure AOC, 95
Comté de Grignan VP, 69
Comte Tolosan VP, 130
Condomois VP, 130
Corbières VDQS, 90

Corbières Supérieures VDQS, 90
Cornas AOC, 57
Costières du Gard VDQS, 78
Côtes d'Agly AOC, 101
Côtes d'Auvergne VDQS, 153
Côte de Beaune AOC, 42
Côte de Beaune-Villages AOC, 43
Côtes de Bergerac AOC, 120
Côtes de Bergerac – Côtes de Saussignac AOC, 121
Côtes de Bergerac Moelleux AOC, 121
Côtes de Blaye AOC, 112
Côtes de Bordeaux Saint-Macaire AOC, 107
Côtes de Bourg AOC, 112
Côtes de Brian VP, 87
Côte-de-Brouilly AOC, 52
Côtes du Bruhlois VP, 131
Côtes de Buzet AOC, 121
Côtes du Cabardès et de l'Orbiel VDQS, 89
Côtes de Castillon AOC, 105
Côtes Catalanes VP, 91
Côtes de Céressou VP, 87
Côtes de Duras AOC, 122
Côtes du Forez VDQS, 154
Côtes de Francs AOC, 106
Côtes de Fronsac, 113
Côtes du Frontonnais AOC, 122
Côtes de Gascogne VP, 131
Côtes du Jura AOC, 23
Côtes du Jura Mousseux AOC, 24
Côtes de Lastours VP, 93
Côtes du Luberon VDQS, 67
Côtes de la Malepère VDQS, 90
Côtes du Marmandais VDQS, 128
Côtes de Montestruc VP, 131
Côtes de Montravel AOC, 122
Côte de Nuits-Villages AOC, 41
Côtes de Pérignan VP, 93
Côtes de Provence AOC, 73
Côtes de Prouille VP, 93
Côtes du Rhône AOC, 56
Côtes du Rhône-Villages AOC, 56, 62
Côte Roannaise VDQS, 153
Côtes du Roussillon AOC, 95
Côtes du Roussillon-Villages AOC, 96
Côtes de Saint-Mont VDQS, 128
Côtes du Salavès VP, 80
Côtes de Saussignac AOC, 121
Côtes du Tarn VP, 131
Côtes de Thau VP, 87
Côtes de Thongue VP, 87
Côtes de Toul VDQS, 33
Côtes du Ventoux AOC, 66
Côtes du Vivarais VDQS, 60
Coteaux d'Aix-en-Provence VDQS, 74
Coteaux d'Ancenis VDQS, 135
Coteaux de l'Ardèche VP, 69
Coteaux de l'Aubance AOC, 138
Coteaux de Baronnies VP, 69
Coteaux des Baux-en-Provence VDQS, 75
Coteaux de la Cabrerisse VP, 92
Coteaux Cathares VP, 92
Coteaux Cévenols VP, 79
Coteaux de Cèze VP, 79
Coteaux du Cher et de l'Armon VP, 157
Coteaux de la Cité de Carcassonne VP, 92
Coteaux d'Enserune VP, 86
Coteaux des Fenouillèdes VP, 97
Coteaux Flaviens VP, 80
Coteaux de Fontcaude VP, 86
Coteaux du Giennois VDQS, 153
Coteaux de Glanes VP, 130
Coteaux du Grésivaudan VP, 29
Coteaux du Languedoc VDQS, 82
Coteaux de Laurens VP, 87
Coteaux du Layon AOC, 139
Coteaux du Layon-Chaume AOC, 139
Coteaux du Lézignanais VP, 92
Coteaux de Libron VP, 87
Coteaux du Littoral Audois VP, 93
Coteaux du Loir AOC, 144
Coteaux du Lyonnais AOC, 53
Coteaux de la Méjanelle VDQS, 82
Coteaux de Miramont VP, 92
Coteaux de Murviel VP, 87
Coteaux de Narbonne VP, 93
Coteaux de Peyriac VP, 87, 93
Coteaux de Pierrevert VDQS, 75
Coteaux du Pont-du-Gard VP, 79
Coteaux du Quercy VP, 131
Coteaux de Saint-Christol VDQS, 82
Coteaux de Salagou VP, 87
Coteaux de Saumur AOC, 138
Coteaux de Termenès VP, 93
Coteaux et Terrasses de Montauban VP, 131
Coteaux du Tricastin AOC, 60
Coteaux Varois VP, 76
Coteaux du Vendômois VDQS, 149
Coteaux de Vérargues VDQS, 82
Coteaux du Vidourle VP, 80
Crémant d'Alsace AOC, 33
Crémant de Bourgogne AOC, 38
Crémant de Loire AOC, 139
Crépy AOC, 25
Crozes-Hermitage AOC, 57
Cucugnan VP, 93

D
Deux-Sèvres, 155
Dezize-lès-Maragnes AOC, 43

E
Edelzwicker (Alsace), 30
Entre-Deux-Mers, 108
L'Etoile AOC, 24
L'Etoile Mousseux AOC, 24

F
Faugères AOC, 81
Fiefs Vendéens VP, 157
Fitou AOC, 89
Fixin AOC, 42
Fleurie AOC, 52
Franche-Comté VP, 29
Fronsac AOC, 113

G
Gaillac AOC, 122
Gaillac Doux AOC, 123
Gaillac Mousseux AOC, 123
Gaillac Perlé AOC, 124
Gaillac Première Côtes AOC, 124
Gewurztraminer (Alsace), 30
Gigondas AOC, 66

Givry AOC, 45
Gorges et Côtes de Millau VP, 131
Gorges de l'Hérault VP, 88
Grand Roussillon AOC, 101
Graves AOC, 108
Graves Supérieures AOC, 109
Graves de Vayres AOC, 109
Gris Meunier (Vins de l'Orléanais VDQS), 54
Gros Plant du Pays Nantais VDQS, 135

H
Haut-Bénauge AOC, 106
Haut-Comtat VDQS, 60
Haut-Médoc AOC, 116
Haut Montravel AOC, 122
Haute Vallée de l'Aude VP, 93
Haute Vallée de l'Orb VP, 88
Hauterive en Pays de l'Aude VP, 94
Hauts de Badens VP, 94

I
Ile de Beauté VP, 100
Indre VP, 155
Indre-et-Loire VP, 156
Irouléguy AOC, 124

J
Jasnières AOC, 144
Julìênas AOC, 52
Jurançon AOC, 124
Jurançon sec AOC, 125

K
Klevner (Alsace), 30

L
La Clape VDQS, 83
Lalande Pomerol AOC, 113
Laudun AOC, 63
Lirac AOC, 66
Listrac AOC, 117
Littoral Orb-Hérault VP, 88
Loire-Atlantique VP, 156
Loiret VP, 156
Loir-et-Cher VP, 156
Loupiac AOC, 109
Lussac-Saint-Emilion AOC, 114

M
Mâcon (Blanc) AOC, 47
Mâcon + commune AOC, 48
Mâcon (Blanc) Supérieur AOC, 47
Mâcon (Rouge ou Rosé) AOC, 47
Mâcon Supérieur Rouge (ou Rosé) AOC, 48
Mâcon-Villages AOC, 48
Madiran AOC, 125
Maine-et-Loire VP, 156
Marches de Bretagne VP, 157
Margaux AOC, 117
Marsannay AOC, 41
Maures VP, 76
Maury AOC, 101
Médoc AOC, 116
Ménétou-Salon AOC, 150
Mercurey AOC, 45
Minervois VDQS, 91
Monbazillac AOC, 126
Mont Baudile VP, 88
Mont Bouquet VP, 80
Mont Caume VP, 77
Montpeyroux VDQS, 83
Montagne-Saint-Emilion AOC, 114
Montagny AOC, 46
Montlouis AOC, 144
Montlouis Mousseux AOC, 145
Montlouis Pétillant AOC, ,145
Montravel AOC, 126
Monts de la Grage VP, 88
Morgon AOC, 53
Moulin-à-Vent AOC, 53
Moulis AOC, 117
Muscadet AOC, 134
Muscadet des Coteaux de la Loire AOC, 134
Muscadet de Sèvre-et-Maine AOC, 135
Muscat (Alsace), 30
Muscat de Frontignan AOC, 101
Muscat de Lunel AOC, 101
Muscat de Miréval AOC, 101
Muscat de Rivesaltes AOC, 101
Muscat de Saint-Jean-de-Minervois AOC, 101

N
Néac AOC, 114
Nièvre VP, 156

P
Pacherenc du Vic Bihl AOC, 127
Palette AOC, 74
Parsac-Saint-Emilion AOC, 114
Passe-Tout-Grains AOC, 38
Pauillac AOC, 118
Pécharmant AOC, 127
Petit Chablis AOC, 40
Petite Crau VP, 77
Pézenas VP, 88
Picpoul de Pinet VDQS, 83
Pic-Saint-Loup VDQS, 84
Pinot Blanc (Alsace), 31
Pinot-Chardonnay-Mâcon AOC, 47
Pinot Gris (Alsace), 32
Pinot Noir (Alsace), 31
Pomerol AOC, 114
Pouilly-Fuissé AOC, 49
Pouilly-Fumé AOC, 150
Pouilly-Loché AOC, 49
Pouilly-sur-Loire AOC, 151
Pouilly-Vinzelles AOC, 49
Premières Côtes de Blaye AOC, 112
Premières Côtes de Bordeaux AOC, 110
Principauté d'Orange VP, 69
Puisseguin-Saint-Emilion AOC, 115
Puy de Dôme VP, 156

Q
Quarts de Chaume AOC, 139
Quatourze VDQS, 84
Quincy AOC, 151

R
Rappu AOC, 99
Rasteau AOC, 63
Retz VP, 157
Reuilly AOC, 151
Riesling (Alsace), 31
Rivesaltes AOC, 101
Roaix AOC, 64
Rochegude AOC, 64
Rosé d'Anjou AOC, 140
Rosé d'Anjou Pétillant AOC, 140
Rosé de Loire AOC, 140

Rosette AOC, 127
Rousset AOC, 64
Roussette de Savoie AOC, 25
Roussette de Savoie + Cru AOC, 25
Rully AOC, 46

S
Sables du Golfe du Lion VP, 77
Sablet AOC, 64
Saint-Amour AOC, 53
Saint-Aubin AOC, 44
Saint-Chinian AOC, 81
Saint-Drézery VDQS, 84
Saint-Emilion AOC, 115
Saint-Estèphe AOC, 118
Saint-Georges d'Orques VDQS, 84
Saint-Georges-Saint-Emilion AOC, 116
Saint-Gervais AOC, 64
Saint-Joseph AOC, 58
Saint-Julien AOC, 118
Saint-Maurice-sur-Eygues AOC, 64
Saint-Nicolas-de-Bourgueil AOC, 145
Saint-Pantaléon-les-Vignes AOC, 64
Saint-Péray AOC, 58
Saint-Péray Mousseux AOC, 58
Saint-Pourçain-sur-Sioule VDQS, 154
Saint-Romain AOC, 44
Saint-Sardon VP, 131
Saint-Saturnin VDQS, 84
Saint-Véran AOC, 49
Sainte-Croix-du-Mont AOC, 110
Sainte-Foy-Bordeaux AOC, 110
Sampigny-lès-Maragnes AOC, 43
Sancerre AOC, 152
Sarthe VP, 157
Saumur AOC, 140
Saumur-Champigny AOC, 140
Saumur Mousseux AOC, 141
Saumur Pétillant AOC, 141
Sauternes AOC, 111
Sauvignon de Saint-Bris VDQS, 40
Savennières AOC, 141
Savennières-Coulée-de-Serrant AOC, 142
Savennières-Roche-aux-Moines AOC, 142
Séguret AOC, 65
Serre de Coiran VP, 80
Seyssel AOC, 26
Seyssel Mousseux AOC, 26
Sylvaner (Alsace), 31

T
Tavel AOC, 67
Tokay d'Alsace, 32
Touraine AOC, 145
Touraine-Amboise AOC, 146
Touraine-Azay-le-Rideau AOC, 146
Touraine-Mesland AOC, 146
Touraine Mousseux AOC, 147
Touraine Pétillant AOC, 147
Tursan VDQS, 128

U
Urfé VP, 157
Uzège VP, 80

V
Vacqueyras AOC, 65
Val d'Agly VP, 97
Val de Cesse VP, 94
Val de Dagne VP, 94
Val de Montferrand VP, 88
Val d'Orbieu VP, 94
Valençay VDQS, 149
Vallée de Paradis VP, 94
Valréas AOC, 65
Vaunage VP, 80
Vendée VP, 157
Vicomté d'Aumelas VP, 88
Vienne VP, 157
Vin du Bugey VDQS, 27
Vin du Bugey + Cru VDQS, 28
Vin du Bugey Mousseux ou Pétillant VDQS, 28
Vin de Corse AOC, 98
Vin de Corse Calvi AOC, 98
Vin de Corse Coteaux d'Ajaccio AOC, 99
Vin de Corse Coteaux du Cap Corse AOC, 99
Vin de Corse Figari AOC, 99
Vin de Corse Patrimonio AOC, 99
Vin de Corse de Porto-Vecchio AOC, 100
Vin de Corse Sartène AOC, 100
Vins doux naturels, 101
Vins d'Entraygues et du Fel VDQS, 129
Vins d'Estaing VDQS, 129
Vins du Haut Poitou VDQS, 142
Vin jaune, 24
Vins de Lavilledieu VDQS, 129
Vins de Marcillac VDQS, 129
Vins de Moselle VDQS, 33
Vin Noble du Minervois VDQS, 91
Vins de l'Orléanais VDQS, 154
Vin de Paille, 24
Vin de Pays de l'Ain, 29
Vin de Pays des Alpes-de-Haute-Provence, 75
Vin de Pays des Alpes-Maritimes, 75
Vin de Pays de l'Ardèche, 68
Vin de Pays de l'Aude, 91
Vin de Pays des Bouches-du-Rhône, 76
Vin de Pays de la Dordogne, 130
Vin de Pays de la Drôme, 68
Vin de Pays de la Gironde, 130
vin de Pays du Gard, 79
Vin de Pays de l'Hérault, 85-8
Vin de Pays du Jardin de la France, 155
Vin de Pays des Landes, 130
Vin de Pays de la Meuse, 33
Vin de Pays d'Oc, 96
Vin de Pays des Pyrénées-Orientales, 96
Vin de Pays du Var, 76
Vin de Pays du Vaucluse, 68
Vin de Pays de l'Yonne, 53
Vin de Savoie AOC, 26
Vin de Savoie + Cru AOC, 26
Vin de Savoie Ayse Mousseux AOC, 27
Vin de Savoie Mousseux AOC, 27
Vins du Thouarsais VDQS, 142
Vinsobres AOC, 65
Visan AOC, 65
Vistrenque VP, 80
Vouvray AOC, 147
Vouvray Mousseux AOC, 148
Vouvray Pétillant AOC, 148

Remerciements

Une vie entière consacrée à la lecture, aux déplacements sur le terrain et aux dégustations ne saurait suffire pour explorer complètement un domaine aussi vaste et aussi mouvant que celui des vins régionaux. Cet ouvrage n'a d'autre prétention que d'être un guide pratique et succint et non une somme encyclopédique. C'est le fruit de l'expérience accumulée en goûtant, achetant et vendant pendant des années des vins de toutes les régions de France. Le *Dictionnaire Larousse des Vins* de Gérard Dubuigne et le *Dictionnaire des Appellations* de Fernand Woutaz m'ont été précieux. MM. Le Pechoux (SOPEXA) et Davesne (ONIVIT) m'ont aimablement communiqué les données statistiques ; mais celui-ci m'a appris qu'il n'existait pas de renseignements officiels sur les Vins de Pays et, pour bien faire, j'aurais dû attendre la parution de *son* livre, l'année prochaine ! Isabelle Bachelard, de l'Académie du Vin, a effectué les indispensables recherches de dernière minute. Certaines étiquettes viennent des vignerons et des organismes interprofessionnels, mais la plupart ont été prélevées sur des bouteilles, aux Caves de la Madeleine, par l'infatigable Mauricette Thouan. Je remercie particulièrement Yapp of Mere (Wiltshire) et Michael Druitt Wines (Londres) pour celles qu'ils m'ont procurées. Mes remerciements vont aussi à Claude Dovaz qui a non seulement traduit l'intégralité de ce livre, mais encore corrigé, mis à jour et adapté certaines parties pour l'édition française.
Cartes © SOPEXA (p. 19 original SOPEXA ; pp. 20-21, 35, 55, 70-71, 102-103, 132-133 redessinées avec son aimable autorisation).
La table des températures de dégustation (p. 165) est reproduite avec la permission de M. Dovaz et des Éditions de Vecchi.
Les illustrations pp. 166-167 sont dues à TIGA. Illustration de la jaquette : Mary Evans Picture Library.

Première édition

Cartographie Anne Lamb

Photogravure : East Anglian Services Ltd, Ashwellthorpe, Norwich

Photocomposition : Type Informatique

Imprimé et relié en Belgique par
Brepols, Turnhout

Achevé d'imprimer en novembre 1984

N° d'édition 1
Dépot légal Février 1985

Notes

Notes